Claus-Dieter Kaul

Die zehn Wünsche der Kinder

**Ein ganzheitlicher Weg im Miteinander
von Kind und Erwachsenen**

Auer Verlag GmbH

Die Originale der Computerzeichnungen im 7. Kapitel stellte der Autor freundlicherweise zur Verfügung.

Gedruckt auf umweltbewusst gefertigtem, chlorfrei gebleichtem und alterungsbeständigem Papier.

3. Auflage. 2005
© by Auer Verlag GmbH, Donauwörth
Satz: ReproTime, Augsburg
Druck und Bindung: Ludwig Auer GmbH, Donauwörth
ISBN 3-403-03418-6

INHALT

Danke!

Ich möchte mich ganz herzlich bei all den Teilnehmerinnen und Teilnehmern bedanken, die mir in den vielen Gesprächen während der Kurse entscheidende Impulse für dieses Buch gegeben haben und letztlich auch den Mut zum Schreiben. Besonderer Dank gilt meiner Kollegin Christl Lambach von Treuberg, die mir während der Entstehung des Buches mit ihren wertvollen Gedanken eine große Unterstützung war.

Ein Dankeschön auch an die Kinder der 1. Klasse der Montessori-Schule im Kinderzentrum München und ihrer Lehrerin Carolina Abel. Herzlich danke ich überdies „Foto Huber" aus Rottach-Egern sowie den beiden Zivildienstleistenden Sebastian Arlt und Florian Rustler für die schönen Fotografien.

Für ihre Bereitschaft, sich für mein Buch ablichten zu lassen, bedanke ich mich weiterhin bei Andreas, Tina, Beni, Martin, Seppi, Sophie und Frau Linsinger.

Claus-Dieter Kaul

I. Einführung

Nach meiner 25-jährigen Tätigkeit als Montessori-Lehrer für Kinder, Jugendliche und Erwachsene möchte ich aufzeigen, wie die Philosophie *Maria Montessoris* für mich den Weg zum Vermitteln des ganzheitlichen Lernens gebahnt hat. Das Buch soll anderen Menschen, die mit Kindern zu tun haben, helfen, die Aufgabe der Erziehung neu zu betrachten.

Kinder und Jugendliche müssen heute viel mehr als früher lernen, zwischen gegensätzlichen Wertvorstellungen, Anschauungen und Lebensformen gezielt Entscheidungen zu treffen, um sich an selbst gewählte Zielsetzungen zu binden. Diese Bindungsfähigkeit hat beim heutigen Menschen sehr abgenommen. Deshalb müssen wir in der Erziehung alles dafür tun, diesem Defizit entgegenzuwirken.

Es ist mir wichtig, zu Beginn des Buches meine Entwicklungsarbeit als Lehrer und Mensch aufzuzeigen, um entsprechend ein Verständnis für die praktische Umsetzung zu entwickeln.
So habe ich in der Auseinandersetzung mit *Montessori* und der konkreten Anwendung immer mehr zu mir gefunden und möchte nun, über meine Kurse mit Erwachsenen hinaus, mehr Menschen die Möglichkeit geben, durch ganz praktische Erfahrungen, die in dem Buch beschrieben werden, zu einem sinnvolleren Leben und Lernen zu finden.

Ich begann meine Arbeit an einer Montessori-Schule in einer Klasse mit behinderten und nichtbehinderten Kindern. Da mir das herkömmliche Unterrichten nur schwer möglich war, kam mir der freiheitliche Ansatz bei *Montessori* sehr entgegen. Für die Entfaltung meiner Lehrerpersönlichkeit war der unmittelbare Kontakt und die Auseinandersetzung mit dem einzelnen Kind von großer Bedeutung. Da ich anfangs die Montessori-Pädagogik noch sehr methodisch und rein funktional gesehen und betrieben habe, wurde ich immer wieder aufgefordert, mich mit jedem Kind als Individuum mit seinen ganz speziellen Anlagen und Fähigkeiten auseinander zu setzen.

Eine besondere Herausforderung stellten die verschiedenartig behinderten Kinder für mich dar – insbesondere *Andreas*, der behauptete, eine Ameise zu sein. Mit verschiedenen Therapien wurde vor seiner Einschulung versucht, ihm die Ameise „auszutreiben", doch ohne Erfolg. Vom ersten Schultag an machte er mir klar, dass er als Ameise nicht Schreiben, Lesen und Rechnen lernen müsse und konfrontierte mich und seine Mitschüler mit seinem „Ameisenleben": Er krabbelte am Boden herum, forderte seine Mitschüler zu Ameisenspielen auf, krönte seine Freundinnen zu Ameisenköniginnen mit Flügeln und ohne Flügel und malte stundenlang Ameisenbilder.
Andreas und andere Kinder führten mir immer wieder vor Augen, dass Montessoris Forderungen, wie man

Kinder beim Lernen unterstützen sollte, absolut stimmen.
Nach Montessori unterrichten, heißt eben, dass der Lehrer nicht zuerst an den Lehrplan denken soll, sondern an die Kinder, die im Lernprozess all unsere Hilfe benötigen, um sich zu eigenständigen Persönlichkeiten entwickeln zu können. Wir sollten also nicht von uns selbst ausgehen, sondern stets vom Kind. Das heißt, dass wir Lehrer die Kinder dann fördern, wenn wir unser Handeln vom Kind abhängig machen. Insofern wurde meine Arbeit zur ständigen Selbstreflektion.

So habe ich es auch geschafft, *Andreas* so anzunehmen, wie er war und auf die Zeichen von ihm zu warten, wann er bereit war, mich als seinen Lehrer zu akzeptieren und mit mir zu arbeiten. Gleichzeitig war ich damit konfrontiert zu beweisen, dass ich die Kinder entsprechend dem Lehrplan förderte und ließ mich immer wieder von Eltern und Kollegen auf meine Lehrerrolle „zurückpfeifen". Die meisten Eltern, Kollegen und andere Interessierte waren alle dem gleichen Muster verhaftet, die Montessori-Idee als eine liebevolle und gut gemeinte Möglichkeit der Erziehung für das Kind zu sehen.

Doch letztlich steht mit der vorbereiteten Montessori-Umgebung im Vordergrund, dazu beizutragen, dass das Kind in unserer Umwelt gut funktioniert. Das Kind soll zu vergleichbaren Fähigkeiten gelangen wie alle anderen, vielleicht aber dank des Montessori-Materials etwas besser abschneiden in der Leistung. Und immer wieder kommen Ängste und Zweifel im Erwachsenen hoch, ob es richtig ist, das Kind sich auf eine andere Art und Weise entwickeln und entfalten zu lassen. Insbesondere Kinder wie *Andreas* waren stark genug, mir als Lehrer und den Eltern zu zeigen, dass ein Kind auch auf ganz anderen Wegen mit unterschiedlichsten Möglichkeiten und in seiner eigens dazu benötigten Zeit Lesen, Schreiben und Rechnen lernen kann; denn erstaunlicherweise erwarb auch er innerhalb seiner Grundschulzeit diese Fähigkeiten.

Immer wieder begleitete mich folgende Aussage von *Maria Montessori* und gab mir Kraft, aus meiner personalen Mitte heraus tätig zu sein:
„Vor unseren Augen formte sich ein neues Bild; nicht das Bild einer Schule oder einer Erziehung. Es war der Mensch, der vor uns erstand... Daher vertrete ich die Meinung, dass jede Erziehungsform auf der Entwicklung der menschlichen Personalität basieren muss. Der Mensch selbst sollte Mittelpunkt der Erziehung werden... Das Kind wird sich als das größte und trostreichste Wunder der Natur offenbaren. Wir werden somit nicht mehr ein Kind vor uns haben, das als kraftloses Wesen betrachtet wird, so etwas wie ein leeres Gefäß, das mit unserem Wissen vollgestopft werden muss, sondern es zeigt sich vor uns in seiner Würde, indem wir in ihm den Schöpfer unserer Intelligenz

erblicken, ein Wesen, das geleitet von einem inneren Lehrmeister, voll Freude und Glück nach einem festen Programm unermüdlich an dem Aufbau dieses Wunders der Natur, dem Menschen, arbeitet. Wir Lehrer können nur zu dem bereits vollbrachten Werk helfen. Dann werden wir Zeugen der Entwicklung der menschlichen Seele werden: der Entstehung des neuen Menschen, der nicht mehr Opfer des Geschehens, sondern dank seiner klaren Sicht fähig sein wird, die Zukunft der menschlichen Gesellschaft zu meistern und zu formen."[1]

Aus dieser Aussage wird deutlich, wie wichtig *Montessori* die Verbindung von außen und innen war, und dies hat auch immer meinen Weg zur „Ganzheit" bestimmt, der sich letztlich in der Gründung des „Instituts für ganzheitliches Lernen" ein weiteres Erfahrungsfeld suchte.

Abb. 1: *Drei Kinder der Montessori-Gruppe im Sitzkreis*

In allen Kapiteln des Buches werde ich die Themen jeweils mit **Elfchen** und **Haikus** noch einmal konzentriert zusammenfassen.

➤ **Elfchen** und **Haikus** sind Gedichtformen, die jedem Menschen die Möglichkeit geben, die Gedanken zu bündeln und auf den Punkt zu bringen – eine gute Übung bei der Reflexion unserer Erziehungsarbeit.

Ein **Elfchen** hat folgende Struktur:
    1. Zeile hat ein Wort
    2. Zeile hat zwei Wörter
    3. Zeile hat drei Wörter
    4. Zeile hat vier Wörter
    5. Zeile hat ein Wort

Und hier das **Elfchen** zum Buch:

> *Kinder*
> *Haben Wünsche*
> *An uns Erwachsene*
> *Wir müssen sie beachten*
> *Vertrauen*

Ein **Haiku** hat folgende Struktur:
    1. Zeile hat 5 Silben
    2. Zeile hat 7 Silben
    3. Zeile hat 5 Silben

Abb. 2: *Junge bei einer Darbietung*

Und hier das **Haiku** zum Buch:

> *Zehn Kinderwünsche*
> *In diesem Buch betrachtet*
> *Als Wahrnehmungsfeld*

Die von den Kindern benutzten Materialien stammen weitgehend von der Firma Nienhuis aus Zelhem/Holland. Viele Spiele sind von mir adaptiert worden.

1 Montessori[2], S. 6 f.

II. DIE ZEHN WÜNSCHE DER KINDER

1. Schenkt uns Liebe!

Beobachte ich Erwachsene in meinem Bekannten- oder Verwandtenkreis, zeigen sich häufig gleiche Verhaltensmuster im Umgang mit Kindern. *Liebe geben* wird hier gleichgesetzt mit einem Geschenk, das aus Geld oder anderen materiellen Dingen besteht.

Zudem knüpfen viele Erwachsene Bedingungen an das Geschenk. Typische Äußerungen, die jeder kennt, sind z. B.: *„Wenn du deine Hausaufgaben gemacht hast, dann darfst du spielen gehen."* oder *„Wenn du deinen Teller leer gegessen hast, bekommst du ein Eis."* usw.

Dieses Verhalten wird vom Kind übernommen – es stellt gleichsam seine Bedingungen: *„Wenn ich zu meiner Schwester ganz lieb bin, dann darf ich ins Kino."* oder *„Wenn ich in der Schule gut bin, dann bekomme ich ein Playmobilauto."*

Dem Kind wird unbewusst vermittelt, dass Liebe gekauft werden kann oder gleichzusetzen ist mit irgendwelchen Gegenständen. In unmittelbarer Nähe erlebe ich Kinder, die auf diese Weise ihre Liebeszuwendung bekommen und erwarten. Sie üben jegliche Arbeit und sogar das Spiel nur noch dazu aus, Beachtung zu finden. Plötzlich sind sie verblüfft, wenn sie bei mir erkennen, dass ich als Erwachsener ihnen selbstverständlich und ohne Erwartung einer Gegenleistung Zeit und Zuwendung gebe. So lernen sie, ihre Arbeit oder das Spielen ganz für ihre Vervollkommung und für die eigene Persönlichkeitsentwicklung zu nutzen.

Kinder besitzen von Natur aus die wunderbare Fähigkeit, sich ganz dem Hier und Jetzt hinzugeben und vollkommen im Augenblick zu verweilen. Selbst Kinder, die aus diesem natürlichen Gleichgewicht herausgefallen sind und damit nicht mehr ihre innere Ruhe finden, können wieder Zugang zur Verbindung ihrer inneren mit der äußeren Welt finden. Sie brauchen hierzu **feste Rituale und Zeremonien,** die ihnen eine Möglichkeit zur *wahren Liebe* eröffnen.

Hierzu ein Beispiel aus meiner Montessori-Arbeit: entnommen dem Bereich der „Übungen des praktischen Lebens"; die *Montessori* hervorhob als liebevollen, achtsamen Umgang mit den Gegenständen und Handlungen des Alltags:

Abb. 3: Praktischer Alltag: Junge gießt Wasser in die Schüssel

Händewasch-Zeremonie

Platzieren Sie einen Krug und eine Schüssel aus wohl-klingendem Metall oder Porzellan auf einen kleinen Tisch und legen Sie zwei zusammengefaltete Gäste-handtücher daneben. In eine kleine Schale geben Sie eine Seife, in eine zweite etwas Handcreme. Neben dem Tisch befindet sich ein Putzlappen, auf den Sie einen Eimer und eine kleine Bürste legen. Beachten Sie dabei, dass die Anordnung der Gegenstände auch für das Auge ansprechend ist und die Utensilien während des Rituals des Händewaschens wohl klingen. Laden Sie Kinder oder die ganze Familie ein, Ihrer Hände-wasch-Zeremonie beizuwohnen:

➤ Füllen Sie zuerst den Krug mit warmem Wasser und stellen Sie ihn auf den vorbereiteten Tisch. Gießen Sie Wasser in die Schüssel und behalten Sie einen Teil im Krug zurück. Tauchen Sie Ihre Hände in das Wasser und befeuchten Sie auch Ihre Arme damit. Reiben Sie Hände und Arme kräftig mit der Seife ein. Geben Sie die Seife kurz in das Wasser und legen Sie diese zurück in die Schale.

➤ Massieren Sie die eingeseiften Hände und Arme geschmeidig und liebevoll; lassen Sie sich dabei viel Zeit und achten auf die wunderschönen Geräusche; unterschiedlichste Erinnerungen und Erfahrungen wer-den in uns wachgerufen – beispielweise schmatzende Schweine oder das Barfußgehen im Schlamm.

➤ Beginnen Sie nun voller Liebe und Achtsamkeit jeden Finger der linken und der rechten Hand intensiv zu massieren; schenken Sie dabei auch jedem Nagel Aufmerksamkeit. Tauchen Sie jetzt Hände und Arme in die Schüssel und lassen Sie das Wasser langsam von den Fingern in die Schüssel tropfen und trocknen da-nach mit einem Handtuch Hände und Arme ab.

➤ Das benutzte Handtuch legen Sie über die Lehne eines Stuhles oder über den Heizkörper zum Trocknen. Das Wasser aus der Schüssel gießen Sie in den neben dem Tisch stehenden Eimer und schütten den Rest des Wassers aus dem Krug in die Schüssel. Mit der Bürste, die auf dem Putzlappen liegt, reinigen Sie gründlich die Schüssel von den Seifenresten.

➤ Legen Sie die Bürste wieder an den Platz zurück und gießen Sie das Wasser in den Eimer. Mit dem zwei-ten Tuch wischen Sie nun die Schüssel sauber aus und drücken Ihre Zufriedenheit und Freude aus über die glänzende und saubere Schüssel. Das Handtuch kommt ebenfalls zum Trocknen über die Stuhllehne.

Abb. 4: Anfeuchten der Hände

Abb. 5: Einseifen der Hände

Abb. 6: Abtrocknen der Hände

➤ Die Waschzeremonie endet, indem Sie nun Ihre Hände, Finger und Arme intensiv mit der im Schälchen befindlichen Handcreme eincremen. Wichtig ist hierbei, dass Sie immer ganz bei sich und Ihrem Körper bleiben und damit für die Zuschauer ein Gefühl der Zufriedenheit, Ruhe, Achtsamkeit und Liebe sich selbst gegenüber ausstrahlen.

Vielleicht wundern Sie sich, warum gerade das Beispiel ausgewählt wurde. Dieses Ritual erklärt am ehesten, was unter dem Kinderwunsch „Schenkt uns Liebe" in Gänze gemeint ist, nämlich: „Schenkt uns vom ersten Tag an jene Liebe, Zeit und Gedanken, die ihr euch selbst zugesteht, wenn euch etwas wichtig ist und ihr dabei ein gutes Gefühl haben wollt."

➤ Immer wieder entgegnen mir Erwachsene: „Kinder können doch gar nicht so lange ruhig sitzen oder ruhig sein, wenn wir ihnen etwas zeigen." Dabei kommt es im Wesentlichen darauf an, was wir Kindern zeigen, dass uns dies wirklich von Bedeutung ist. Sogar die größten Raufbolde sind von solchen Ritualen fasziniert und verfolgen unsere Handlung gespannt und interessiert. Kinder haben eine ganz besondere Gabe, Achtsamkeit zu praktizieren und andere daran zu erinnern, dasselbe zu tun.

Bei solchen Aktivitäten ist es wichtig, dass ich als Erwachsener zunächst einmal für mich geklärt haben muss, ob ich auch mir und den alltäglichen Dingen gegenüber genügend Achtung, Selbstwertgefühl und Zeit entgegen bringe. Mir haben begleitend zur Montessoriarbeit diesbezüglich immer wieder die Aussagen von *Thich Nhat Hanh* sehr geholfen, wie zum Beispiel folgende:

„Der Weg zur Erleuchtung und Erlösung führt über die Übung der Achtsamkeit. Man muss ihn mit Geduld und Ausdauer und am besten unter Anleitung eines erfahrenen Meisters gehen. Ihr solltet Meditation üben beim Gehen, Stehen, Liegen, Sitzen und Arbeiten, beim Händewaschen, Abspülen, Kehren und Teetrinken, im Gespräch mit Freunden und bei allem, was ihr tut. Ihr müsst jede Handlung mit Achtsamkeit ausführen. Jede Handlung ist ein Ritual. Klingt euch das Wort Ritual zu feierlich? Ich benutze es, um euch ein für alle Mal deutlich zu machen, dass Gewahrsein, Bewusstheit eine Sache von Leben und Tod ist." [2]

Bevor Sie also eine solche Zeremonie Kindern vorführen, sollten Sie sich mehrmals selbst die Zeit nehmen und das Ritual für sich alleine vollziehen. Dabei werden Sie merken, wie wohltuend eine solche kleine alltägliche Handlung sein kann und feststellen, wie viel Liebe und Achtung Sie sich in diesem Moment selbst schenken.

➤ Wir erleben in diesem bewussten Tun, das alle unsere Sinne anspricht, was ein Kind hierbei erfährt und lernt:

● Die Anordung aller Gegenstände auf dem Tisch stellt die Raum-Lage-Beziehung her – eine wichtige Grundlage für die Mathematik.

● Eine weitere mathematische Leistung ist das Abschätzen des Wassers, das zum Händewaschen und dem anschließenden Reinigen der Schüssel benötigt wird.

● Durch das Einseifen von Händen und Armen erlebt das Kind das Phänomen der Reibung und wie Wasser und Seife eine chemische Reaktion hervorrufen.

● Die Massage jedes einzelnen Fingers gibt dem Kind eine Information zum Zählen von eins bis zehn.

● Das kurze Eintauchen der Seife in das Wasser, wie auch das Reinigen der Schüssel, erweitern den Horizont des Kindes hinsichtlich der Sozialkompetenz u.v.a.

Letztlich erlebt das Kind bei dieser alltäglichen Handlung und bewussten Ausführung ein **Zusammenspiel von *emotionaler* und *kognitiver Intelligenz*** sowie den wichtigen Zugang zum eigenen Körper.

So gelingt uns mehr, Kinder geduldiger und liebevoller zu begleiten: wir verstehen ihre Handlungen und eigenen Rituale wesentlich besser und lernen, ihnen dafür mehr Zeit zur Verfügung zu stellen. Kinder nehmen unser Verhalten dann als eine wirkliche, echte Form der Zuwendung und Liebe an; sie merken, dass dies bei uns authentisch ist. Nur so wird verhindert, dass diese kostbaren Erfahrungen auf zwanghafte, funktionale Handlungen im Alltag reduziert werden.

Schenken Sie sich selbst diese Aufmerksamkeit und Sie bemerken, dass Sie sich während dieses Rituals selbst ein Stück Liebe geben. Ich erlebe es oft, dass sich Kinder nach meiner Darbietung des Händewaschens bedanken und mir einen Kuss geben oder mich spontan umarmen. Bei vielen Kindern entsteht das Bedürfnis, diese Zeremonie jetzt auch selbst tun zu wollen. Nehmen Sie sich Zeit, einfach daneben zu sitzen und zuzusehen, wie sich das Kind mit der gleichen Hingabe, mit Achtsamkeit und mit aller Zeit der Welt dieser einfachen Handlung hingibt.

---

2 Hanh[1], S. 45.

Zeit zum Leben

Ich wünsche dir nicht alle möglichen Gaben.
Ich wünsche dir nur, was die meisten nicht haben:
Ich wünsche dir Zeit, dich zu freun und zu lachen,
und wenn du sie nützt, kannst du etwas draus machen.

Ich wünsche dir Zeit für dein Tun und dein Denken,
nicht nur für dich selbst sondern auch zum Verschenken.
Ich wünsche dir Zeit – nicht zum Hasten und Rennen,
sondern die Zeit zum Zufriedenseinkönnen.

Ich wünsche dir Zeit – nicht nur so zum Vertreiben.
Ich wünsche, sie möge dir übrig bleiben;
als Zeit für das Staunen und Zeit für Vertraun,
anstatt nach der Zeit auf der Uhr zu schaun.

Ich wünsche dir Zeit, nach den Sternen zu greifen,
und Zeit, um zu wachsen, das heißt um zu reifen.
Ich wünsche dir Zeit, neu zu hoffen, zu lieben.
Es hat keinen Sinn, diese Zeit zu verschieben.

Ich wünsche dir Zeit, zu dir selber zu finden,
jeden Tag, jede Stunde als Glück zu empfinden.
Ich wünsche dir Zeit, auch um Schuld zu vergeben.
Ich wünsche dir: Zeit zu haben zum Leben!

Elli Michler[3]

Abb. 7: *Einladung zum Meditieren*

3 Michler, Elli: „Dir Zugedacht", Wunschgedichte, Don Bosco Verlag, München 1999.

Händewaschen
Voller Hingabe
Für das Kind
Ein Akt der Liebe
Dankbarkeit

Im Lebensalltag
Mit Liebe die Arbeit tun
Entspannung finden

Abb. 8: *Eincremen der Hände nach dem Waschritual*

2. Achtet auf uns!

Vor einigen Monaten besuchte ich verschiedene Kindergärten, um dort Kinder bei ihrem Spiel zu beobachten und zu begleiten. Neben vielen anderen Materialien brachte ich für sie den **großen trinomischen Würfel** mit – ein Würfel, der sich aus 27 Einzelteilen zusammenbauen lässt. Er hat die Größe 50 x 50 x 50 cm – der Originalwürfel von Fa. Nienhuis hat die Maße 9 x 9 x 9 cm.

➤ Und hier die **Bauanleitung***:
Sie benötigen 1 cm dicke Sperrholzplatten mit folgenden Maßen:

4 Platten:	9 x 8 cm
14 Platten:	10 x 10 cm
4 Platten:	14 x 13 cm
14 Platten:	15 x 15 cm
4 Platten:	24 x 23 cm
14 Platten:	25 x 25 cm
12 Platten:	13 x 24 cm
12 Platten:	8 x 24 cm
24 Platten:	14 x 23 cm
12 Platten:	8 x 14 cm
24 Platten:	9 x 23 cm
12 Platten:	9 x 13 cm
12 Platten:	10 x 15 cm

Mit diesen Platten bauen Sie nun die 27 Teile des trinomischen Würfels folgendermaßen zusammen:

Vier Platten mit je 9 x 8 cm und zwei Platten mit je 10 x 10 cm Größe ergeben den **kleinsten Würfel,** der **gelb** lackiert wird.

Vier Platten mit je 14 x 13 cm und zwei Platten mit je 15 x 15 cm Größe ergeben den **mittleren Würfel,** der **blau** lackiert wird.

Vier Platten mit je 24 x 23 cm und zwei Platten mit je 25 x 25 cm Größe ergeben den **größten Würfel,** der **rot** lackiert wird.

Sechs Platten mit je 25 x 25 cm und zwölf Platten mit je 13 x 24 cm Größe ergeben drei Quader, deren quadratische Flächen jeweils **rot** lackiert werden, die kurzen Kanten **blau.**

Sechs Platten mit je 25 x 25 cm und zwölf Platten mit je 8 x 24 cm Größe ergeben drei Quader, deren quadratische Flächen jeweils **rot** lackiert werden, die kurzen Kanten **gelb.**

***Abb. 9:** Trinomischer Würfel*

---

* Bereits zugeschnittene Platten können als Bauset bezogen werden bei: Fa. Martin Plackner, Alkersdorf 21, A-4880 St. Georgen im Attergau, Telefon 00 43 - 76 67 / 8 66 20.

Sechs Platten mit je 15 x 15 cm und zwölf Platten mit je 14 x 23 cm Größe ergeben drei Quader, deren quadratische Flächen jeweils **blau** lackiert werden, die langen Kanten **rot.**

Sechs Platten mit je 15 x 15 cm und zwölf Platten mit je 8 x 14 cm Größe ergeben drei Quader, deren quadratische Flächen jeweils **blau** lackiert werden, die kurzen Kanten **gelb.**

Sechs Platten mit je 10 x 10 cm und zwölf Platten mit je 9 x 23 cm Größe ergeben drei Quader, deren quadratische Flächen jeweils **gelb** lackiert werden, die langen Kanten **rot.**

Sechs Platten mit je 10 x 10 cm und zwölf Platten mit je 9 x 13 cm Größe ergeben drei Quader, deren quadratische Flächen jeweils **gelb** lackiert werden, die kurzen Kanten **blau.**

Zwölf Platten mit je 10 x 15 cm, zwölf Platten mit je 14 x 23 cm und zwölf Platten mit je 9 x 23 cm Größe ergeben sechs Quader, deren kurze Kanten an Deckel und Boden – entsprechend den Seiten des kleinen und mittleren Würfels – **gelb** und **blau** lackiert werden und deren langen Kanten – entsprechend den Seiten des großen Würfels – **rot** lackiert werden.
Die Platten werden zusammengeleimt und mit kleinen Nägeln zusätzlich befestigt.

Dieses Material wurde adaptiert, um Kindern ein größeres Spektrum an Spielmöglichkeiten anzubieten:
- Durch die besondere Größenbeziehung der Teile lässt sich mit allen Teilen ein hoher Turm bauen.
- Auf einer Grundfläche können Teile nach Größe und Farbe zugeordnet werden und ergeben zum Schluss einen Würfel.

- In bestimmten Schichten auseinandergenommen ist auf jeder Seite immer die gleiche Diagonale mit den drei Würfelseiten zu sehen.
- Den Teilen können Namenskärtchen zugeordnet werden bis hin zur Erfahrung der trinomischen Formel $(a + b + c) \times (a + b + c) \times (a + b + c)$.

Abb. 10: *Kinder haben mit trinomischen Würfeln einen Turm gebaut*

Abb. 11: *Trinomischer Würfel zerlegt in drei Teile*

● Die Einzelteile können als Straße oder im Kreis aufgestellt werden und die Kinder balancieren darauf usw.

Wir Erwachsene machen uns viele theoretische Gedanken darüber, was das Kind alles lernen kann, so auch bei diesem großen trinomischen Würfel. Dabei ist viel wichtiger, den Kindern nicht ständig unsere Ziele und Erwartungen im Spiel vorzugeben, sondern uns genügend Zeit zu nehmen, sie zu beobachten und dabei von ihnen zu lernen. Das heißt: wir sollten die Kinder sehen, wie sie sind und nicht, wie wir sie haben wollen. Für uns ist die Fähigkeit zu beobachten eine wahre Kunst – nämlich den Drang zu unterdrücken, sich in die kindlichen Prozesse einzumischen oder diese gar zu beschleunigen zu versuchen. *Montessori* nennt dies **„attendere osservando"**, das übersetzt „warten während des Beobachtens" heißt. Kinder lernen durch spontane Aktivitäten, bei denen sie eine enorme Energie entwickeln.

Montessori äußerte:
„Betrachtet man aufmerksam ein Kind, ergibt sich evident, dass sich sein Verstand mit Hilfe der Bewegung entwickelt. Die Bewegung unterstützt die psychische Entwicklung, und diese Entwicklung findet ihrerseits Ausdruck in weiteren Bewegungen und Handlungen. Es handelt sich also um einen Zyklus, da Psyche und Bewegung der gleichen Einheit angehören. Es kommen auch die Sinne zu Hilfe, denn wenn das Kind keine Gelegenheit zu sensorischer Tätigkeit hat, findet eine geringere Entwicklung des Verstandes statt. Das Kind, das sich der eigenen Hände bedient hat, hat einen stärkeren Charakter."[4]

So war es auch bei dem Kindergartenbesuch eindrucksvoll zu sehen, mit welcher Intensität und Kreativität sich die Kinder mit dem trinomischen Würfel-Material beschäftigten. Die 27 Teile, am Rand eines runden Teppich stehend, veranlasste sie, sich im Kreis zu setzen, auf die Holzteile zu klopfen und ein Trommelkonzert zu veranstalten.

Nun wurde der größte Würfel als Fundament genommen und auf diesem flächendeckend alle weiteren Teile aufgeschichtet. Schnell mussten Stühle und Tische zur Hilfe genommen werden, um den hohen Turm zu Ende zu bauen. In einer weiteren Gruppe von Kindern kamen einige in diesem Stadium auf die Idee, wieder einzelne Teile vorsichtig aus dem Turm zu entfernen, ohne dass der Turm zusammenbrach.

In der Freiarbeit konnte ich Kinder beobachten, die sich mit den 27 Teilen eine Zimmereinrichtung bauten, mit Tisch, Stühlen, Bank, Bett und so weiter, ihre Puppen und Tiere holten und ein intensives Rollenspiel durchführten.

Andere Kinder bauten zunächst eine blaue Straße, eine gelbe Straße und eine rote Straße damit, und zwar so, dass zunächst die gesamte farbige Fläche oben zu sehen war. Bald darauf entdeckten sie, dass die Straße auch so gebaut werden konnte, dass die gleichen Farben immer entlang der Höhe zu sehen waren. Das Ganze endete mit einem Hürdenlauf, wobei alle Teile zum Überspringen auf der Wiese verteilt wurden.

Es ist gut zu sehen, mit welcher Freude und inneren Vorstellungskraft Kinder ihr Lernen selbst in die Hand nehmen können, wenn sie wissen, dass sie gesehen und beachtet werden. Dabei ist für uns Erwachsene wichtig, zwischen achtungsvollem, interessiertem Hinschauen und gelangweiltem, kontrollierendem Schauen zu unterscheiden.

Abb. 12: Trommelkonzert von Montessorikindern auf Teilen vom trinomischen Würfel

Abb. 13: Kinder bauen mit Klötzen vom trinomischen Würfel eine Straße

---

4 Montessori[2], S. 129.

Abb. 14: *Kindergartenkinder bauen einen hohen Turm*

Beobachtet
Das Kind
Mit dem Herzen
Schenkt ihm Eure Aufmerksamkeit
Achtung

Bitte achtet auf uns
Wenn wir vertieft arbeiten
Wir bedanken uns

Abb. 15: *Montessori-Schulkinder setzen trinomischen Würfel zusammen*

3. Macht uns nicht, sondern lasst uns werden!

Hierzu möchte ich zunächst mit einem Zitat von *Maria Montessori* beginnen, die in einem Aufsatz zum Thema *„Wenn ihr Kind es besser weiß als sie"* schrieb: *„Angenommen, eine närrische Froschmutter würde ihren kleinen Kaulquappen im Teich sagen: Kommt heraus aus dem Wasser, atmet die frische Luft ein, vergnügt euch im grünen Gras, dann werdet ihr alle zu starken, gesunden kleinen Fröschen heranwachsen. Kommt schon mit, Mutter weiß es schon am besten! Wenn dann die kleinen Kaulquappen versuchten zu gehorchen, würde es gewiss ihr Ende bedeuten. Und doch ist dies die Art, wie so viele von uns versuchen, ihre Kinder zu erziehen. Wir sind darauf bedacht, sie zu intelligenten und nützlichen Bürgern zu machen. Und so verwenden wir viel Zeit und Geduld darauf, sie zu korrigieren … Wir sind genau in derselben Position wie der törichte Frosch, wenn wir es nur sehen könnten."* [5]

Aber was können wir als Erwachsene tun, damit das Kind seine Anlagen und „Vorprogrammierungen" so einsetzt, dass es sich gut und richtig entwickelt? Dazu ist es notwendig, dass wir ihnen zu Hause, im Kindergarten und in der Schule eine reichhaltige, vielseitige und ganzheitliche Umgebung gestalten. Dabei müssen wir berücksichtigen, dass die Kinder beim Lernen die Möglichkeit erhalten, auch mit ihrer rechten Gehirnhälfte Erfahrungen zu sammeln, denn bisher sind die meisten Lernangebote eher linkshirnorientiert. So haben wir alle auf dieselbe Weise das **Einmaleins** in der Schule gelernt. Ich möchte in diesem Zusammenhang einige Aktivitäten aufzeigen, die dem Kind eine ganzheitliche Erfahrung beim Lernen des Einmaleins ermöglicht.

Kinesiologisches Einmaleins

Bei der *Zweierreihe* sitzen wir bequem auf einem Stuhl und die Hände liegen auf den Oberschenkeln. Nun gehen wir mit der rechten Hand über die Mitte und klopfen damit auf den linken Oberschenkel, die linke Hand geht zum rechten Oberschenkel. Dort angekommen, sagen wir *zwei*. Diese Überkreuzbewegung führen wir weiter fort, zählen leise weiter, und immer wenn die linke Hand auf den rechten Oberschenkel klopft, sagen wir laut die Zahl – also als nächstes *vier* – bis wir bei 20 angekommen sind.

Bei der *Dreierreihe* führen wir die gleiche Bewegung aus, zählen leise und klatschen bei *Drei* in die Hände und sagen die Zahl laut. Dies wird fortgesetzt bis 30.

Bei der *Viererreihe* beginnen wir wie bei der Zweierreihe, gehen aber nach dem Klopfen auf den rechten Oberschenkel mit der rechten Hand zum linken Ellbogen und mit der linken Hand zum rechten Ellbogen. Dort angekommen sagen wir laut *vier*. Diese Bewegung setzen wir fort bis 40.

Bei der *Fünferreihe* gehen wir vor wie bei der Viererreihe: nach der Berührung des rechten Ellbogens drücken wir mit beiden Zeigefingern die Nasenflügel zusammen und sagen laut *fünf*. Dies setzen wir in der gleichen Weise fort bis 50.

Abb. 16: Kinder der Montessori-Klasse beim Fünfer-Einmaleins

Für die *Sechserreihe* wiederholen wir den Bewegungsablauf bis vier, gehen dann vom rechten Ellbogen mit der rechten Hand zum linken Ohrläppchen und mit der linken Hand zum rechten Ohrläppchen. Dort angekommen sagen wir laut *sechs* und setzen dies fort bis 60.

Die *Siebenerreihe* geht wie die Sechserreihe: nach der Berührung des rechten Ohrläppchens klopfen wir mit beiden Händen auf den Hinterkopf und sagen laut *sieben*. Dies setzen wir in der gleichen Weise fort bis 70.

Bei der *Achterreihe* wiederholen wir den Bewegungsablauf bis sechs, gehen dann vom rechten Ohrläppchen

---

5 Montessori [4], S. 12 ff.

mit der rechten Hand zum linken Augenlid und mit der linken Hand über die Mitte zum rechten Augenlid. Dort angekommen sagen wir laut *acht* (bis dort kann leise durchgezählt werden) und setzen den Bewegungsablauf fort bis 80.

Für die **Neunerreihe** hat *Vera Birkenbihl* in ihrem Buch „*Trotz Schule lernen!*"⁶ eine grandiose, gehirngerechte Möglichkeit vorgestellt, wie man hierfür das Ergebnis an den Fingern ablesen kann. Dies ist besonders eindrucksvoll, da üblicherweise den Kindern schon sehr früh das **Rechnen mit den Fingern** „ausgetrieben" wird:

➤ Wir legen unsere Hände auf die Oberschenkel oder auf eine Tischplatte und strecken die zehn Finger aus. Nun knicken wir den kleinen linken Finger ein, was bedeutet 1 x 9 und zählen von rechts über die Mitte nach links die noch ausgestreckten Finger. Am stärk-

sten ist hierbei die Meldung an das Gehirn, wenn wir beim Zählen jeden Finger auf den Oberschenkel drücken. *Montessori* spricht hier vom so genannten „Muskelgedächtnis".

➤ Nun strecken wir wieder alle Finger aus, knicken dann den linken Ringfinger ein und zählen in der gleichen Weise wie vorher bis zum eingeknickten Finger – sind gleich acht; der Finger hinter dem eingeknickten Finger zählt jetzt zehn – das sind 18.

➤ Wieder werden alle zehn Finger ausgestreckt, der linke Mittelfinger wird jetzt eingeknickt, und von rechts über die Mitte nach links gezählt bekommen wir sieben bis zum eingeknickten Finger. Hinter dem eingeknickten Finger die beiden Finger symbolisieren zwanzig – das sind 3 x 9 = 27.

In der gleichen Weise geht es weiter bis 10 x 9, wie die Abbildungen 20 bis 26 zeigen:

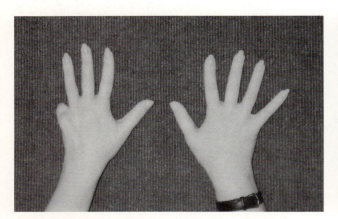
Abb. 17: Die Aufgabenstellung lautet 1 x 9 = 9

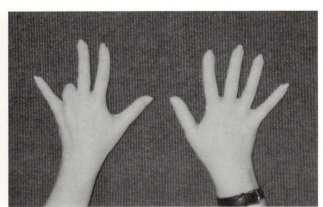
Abb. 18:   2 x 9 = 18

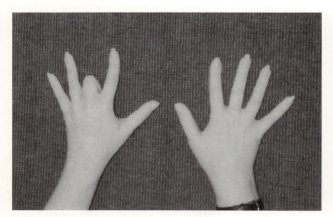
Abb. 19:   3 x 9 = 27

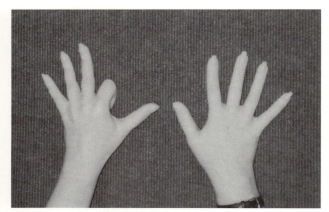
Abb. 20:   4 x 9 = 36

6 Birkenbihl, S. 68 ff.

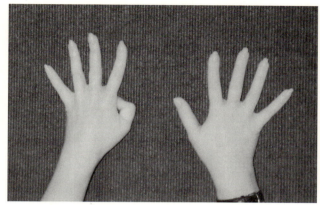

Abb. 21:   *5 x 9 = 45*

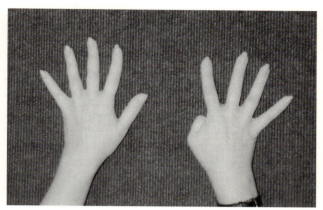

Abb. 22:   *6 x 9 = 54*

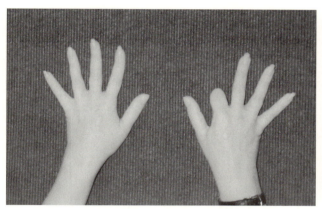

Abb. 23:   *7 x 9 = 63*

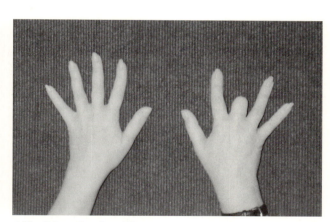

Abb. 24:   *8 x 9 = 72*

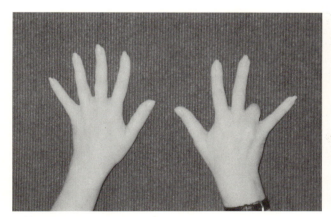

Abb. 25:   *9 x 9 = 81*

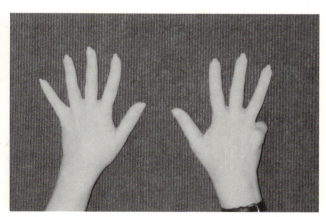

Abb. 26:   *10 x 9 = 90*

Bei allen diesen genannten Aktivitäten finden die Kinder ihren eigenen Bewegungsrhythmus und gewinnen durch die Wiederholungen Sicherheit in den 1 x 1-Reihen – dies jedoch nicht durch stures linkshirnorientiertes Auswendiglernen, sondern mit rhythmischen, lustbetonten Erfahrungen, die dafür sorgen, dass diese über die Verarbeitung in **beiden** Gehirnhälften zu einer echten Gedächtnisleistung werden.

Einmaleins-Mandala

Eine weitere gehirngerechte Erfahrung mit dem Einmaleins stellt das „Einmaleins-Mandala" dar. Überall in der Natur hat das Kind bereits Zahlenanordnungen in bestimmten Systemen wahrgenommen, z. B. bei Pflanzen die besondere Anordnung von Blüten- und Kelchblättern und Staubbeuteln; bei der Anordnung von Sternen zu Sternbildern oder bei Schneekristallen. So ist es naheliegend, die Kinder auch diese Regelmäßigkeit mit dem Einmaleins entdecken zu lassen.

Hierfür benötigen wir zunächst zehn Kinder, die jeweils eine Zahl von 0 – 9 darstellen, sich ihre Zahl umhängen und in einem Kreis aufstellen. Weiterhin brauchen wir lange Seile in den Farben der „Montessori-Perlenstäbchen":

Rot für die	1
Grün für die	2
Rosa für die	3
Gelb für die	4
Hellblau für die	5
Lila für die	6
Weiß für die	7
Braun für die	8
Dunkelblau für die	9

Ein Kind nimmt nun das Knäuel mit dem roten Seil, geht innerhalb des Kreises herum und gibt – bei der 0 beginnend – jedem Kind das Seil in die Hand. Wieder bei der 0 angekommen, legen die Kinder die entstandene Figur auf den Boden. Es ist ein **Zehneck.**

Ein zweites Kind geht nun mit dem grünen Seil (stellvertretend für die Zweierreihe) im Kreis herum und gibt nur jedem zweiten Kind das Seil in die Hand. Hierbei schreitet es den Kreis zweimal ab, um bis zu 10 x 2 zu gelangen. Die Figur, die jetzt entstanden ist, ist ein **Fünfeck.**

In der gleichen Weise spannen die Kinder mit dem Seil auch die Figuren aller anderen Einmaleins-Reihen und entdecken dabei folgende Bilder:
- bei der Dreierreihe einen zehnzackigen Stern
- bei der Viererreihe einen fünfzackigen Stern
- bei der Fünferreihe eine Linie, die den Kreis in zwei Hälften teilt.

Ab der Sechserreihe entdecken die Kinder, dass die Figur bei der Sechs gleich derjenigen der Vier ist; bei der Sieben ist eine Übereinstimmung mit der Figur von der Drei; bei der Acht mit der Zwei und bei der Neun mit der Eins.

Die gleiche Aktivität kann den Kindern für die selbsttätige Arbeit als **Einmaleinsbrett** angeboten werden:

Abb. 27:
Kinder bilden Zahlenkreis

Abb. 28:
Kinder spannen mit Seil die geometrische Figur der Viererreihe

Bastelanleitung für das Einmaleinsbrett

Schneide das Quadrat mit dem Einmaleinskreis aus und klebe das Papier auf ein Holzbrettchen. Schlage bei jeder Zahl einen Nagel etwa halb ein. Binde bei 0 einen Wollfaden an und wickle diesen dann der Reihenfolge nach um die Nägel.

Beachte: Auf dem Zahlenkreis sind nur die Einer angegeben – die Zehner musst du dir dazudenken.

Die Viererreihe z. B. geht so:

0 – 4 – 8 – 12 – 16 – 20 – 24 – 28 – 32 – 36 – 40.

Dafür wickelst du den Wollfaden in folgender Reihenfolge um die Nägel:

0 – 4 – 8 – 2 – 6 – 0 – 4 – 8 – 2 – 6 – 0.

Du zählst also immer im Uhrzeigersinn in den jeweiligen Einmaleinsschritten weiter und spannst den Faden dann zur Ergebniszahl.

Danach können die Kinder die entstandenen Muster auch abzeichnen.

Bei dem großen Einmaleins-Mandala auf dem Boden ist es möglich, in Form einer Stilleübung alle Flächen zwischen den Seilen mit Sand, Steinen, Körnern, Früchten u. Ä. auszulegen und somit ein buntes, großes Einmaleins-Mandala zu gestalten.

Abb. 29: *Einmaleins-Drehteller*

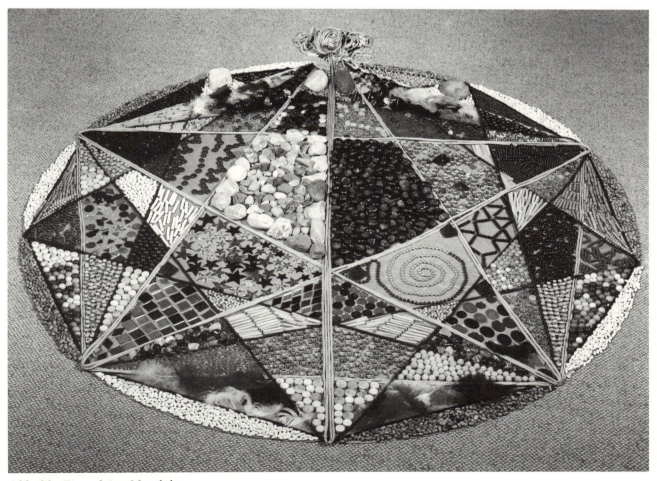

Abb. 30: *Einmaleins-Mandala*

Bastelanleitung: Das Einmaleinsbrett[7]

1. Schneide das Quadrat mit dem Zahlenkreis aus!
2. Schleife die Ecken und Kanten des Brettchens ab!
3. Klebe das Papier auf das Brettchen!
4. Schlage bei jeder Zahl (bei x) einen Nagel etwa halb ein!
5. Binde den Wollfaden bei der Null an!

Mit dem Faden kannst du die Einmaleinsreihen „legen".

Auf dem Zahlenkreis sind nur die Einer angegeben, die Zehner musst du dir dazudenken.

Die Viererreihe z. B. geht so:
0 – 4 – 8 – 12 – 16 – 20 – 24 – ...
Den Wollfaden wickelst du dann in dieser Reihenfolge um die Nägel:
0 – 4 – 8 – 2 – 6 – 0 – 4 – ...

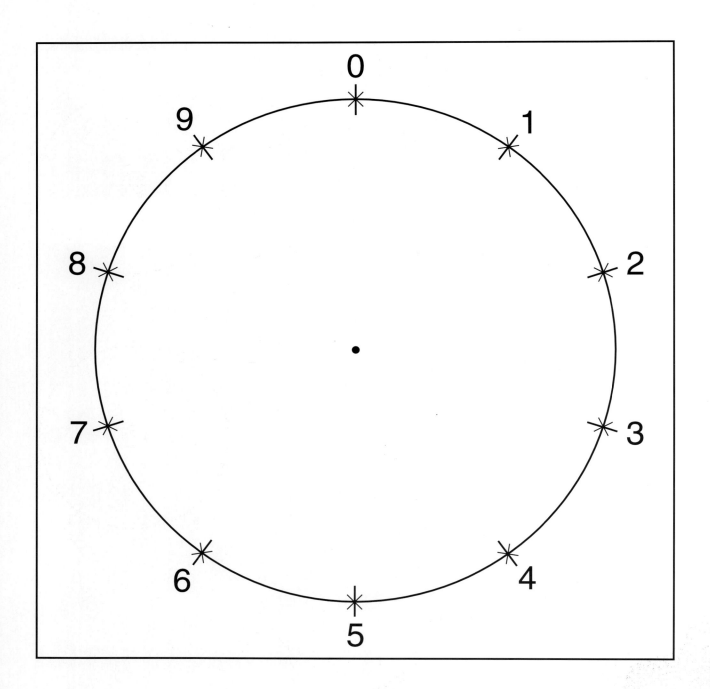

7 Fischer, S.: Praxis Grundschule, Westermann Schulbuchverlag, Braunschweig, 2/1995, S. 58.

22

Einmaleinsbrett[8]

Wenn du hier die Einmaleinsreihen
zeichnest, wirst du eine interessante
Entdeckung machen.
Benutze dein Lineal!

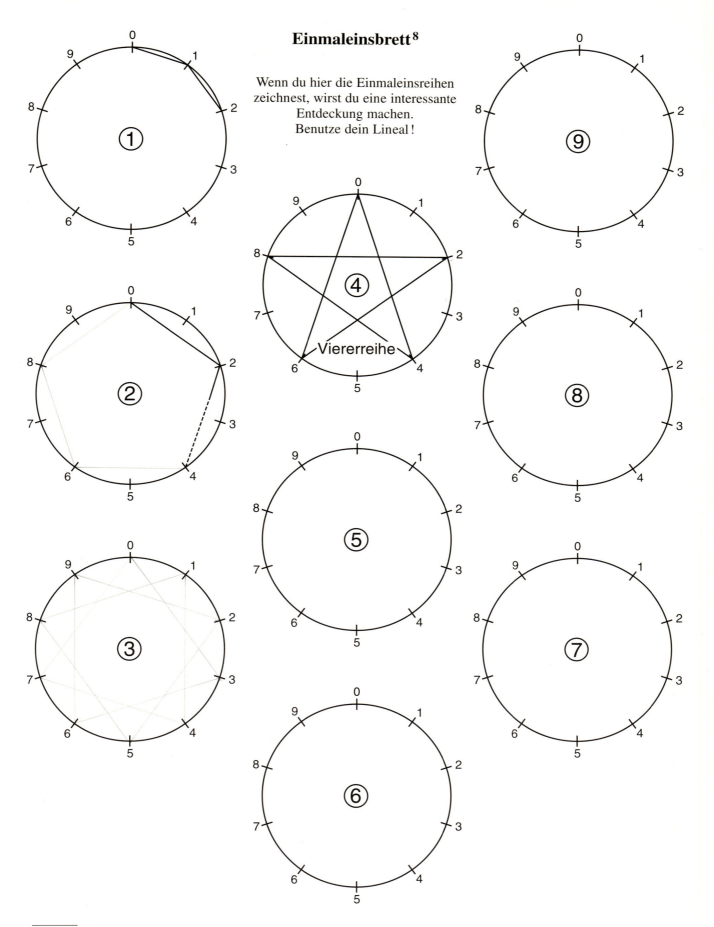

Viererreihe

8 Fischer, S.: Praxis Grundschule, Westermann Schulbuchverlag, Braunschweig, 2/1995, S. 60.

Einmaleins-Teppich [9]

Sehr ansprechend für das Training beider Gehirnhälften ist auch der Einmaleins-Teppich, dessen Idee ich dem Kartenspiel „Multiplex" entnommen habe. Die Farben habe ich entsprechend den „Montessori-Farben" für die Zahlen 1 bis 10 adaptiert und die Karten so vergrößert, dass die Kinder darauf „herumturnen" können.

Der Zahlenteppich gibt den Kindern folgende Möglichkeiten, aktiv zu werden:

● Sie legen alle Zahlenkarten von 1 bis 100 auf dem Teppich der Reihe nach aus.
● Der Teppich ist leer und das Kind bekommt den Auftrag: Lege die passende Zahlenkarte in der fünften Reihe auf das dritte Feld von links (43) usw.
● Alle Karten liegen auf dem Teppich. Das Kind bekommt den Auftrag: Stelle dich auf die 45. Nun gehe zwei Felder nach oben und dann drei Felder nach rechts – wo kommst du an? (28)
● Das Kind findet alle Karten heraus, welche die Symbole für die 3 und die 5 haben: 15 und 75.
   Hierbei beschäftigt sich das Kind mit den gemeinsamen Vielfachen, ohne rechnen zu müssen – eine Vorbereitung für die Bruchrechnung.

● Das Kind geht auf den Karten entlang, die ein Dreier-Symbol enthalten und entdeckt dabei, dass hierbei das Quadrat des Zahlenteppichs immer in Dreiecken abgeteilt wird.
● Das Kind bekommt Symbolkarten wie II: oder 3 Z 5 E und muss die passende Karte auf dem Zahlenteppich finden (22 und 35).
● Das Kind legt alle Karten von 2 bis 100 aus, die das Zweier-Symbol haben und schreibt sich die entsprechenden Zahlen auf. Das kann es mit allen Einmaleinsreihen machen.

Auch bei den anderen Zahlen können die Kinder nun versuchen, ähnliche Systeme zu entdecken.

Alle diese genannten Aktivitäten geben den Kindern die Möglichkeit, in Bewegung spielerisch mit dem Einsatz von Kopf, Herz und Hand Erfahrungen zu machen. Sie erfahren dabei, dass Mathematik etwas mit Schönheit, Ordnung und Systemen zu tun hat, die auch in der Natur vorkommen. Somit müssen wir Kindern nicht Rechnen beibringen, sondern können ihnen Zeit geben, sich in der vorbereiteten Umgebung nach ihrem Interessensschwerpunkt oder auf ihrem entsprechenden Entwicklungsniveau die Welt der Mathematik ganzheitlich zu erobern.

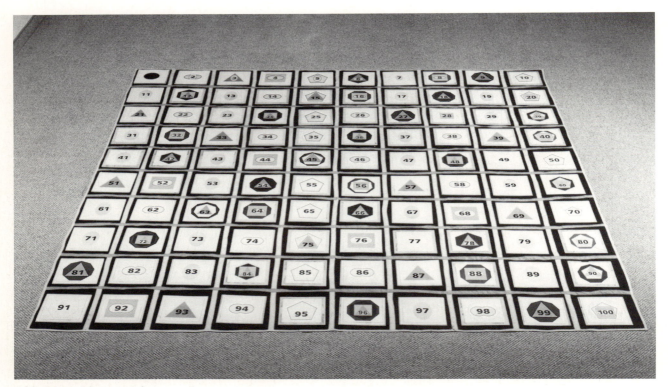

Abb. 31: Zahlenteppich

9 Der Einmaleinsteppich ist eine von mir **adaptierte Version des Original-Kartenspiels „Multiplex",** herausgegeben vom Mellinger Verlag Stuttgart. Die adaptierte Version kann bezogen werden bei: Schreibwaren & Digitaldruck GmbH, Tegernseer Str. 104, 83700 Rottach-Egern, Telefon 0 80 22/9 23 90, Telefax 0 80 22/92 39 26.

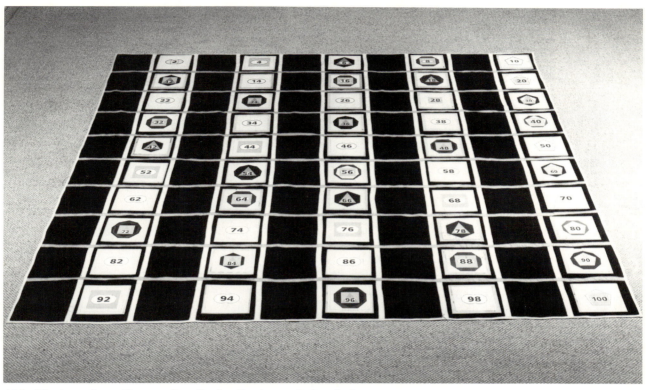

Abb. 32: *Ausgelegte Karten, die alle das Zweiersymbol enthalten*

Abb. 33: *Zahlenkarten, teilbar durch 3 und 5*

Abb. 34: *Ausgelegte Karten, die durch 3 teilbar sind*

Einmaleins
Entdeckend lernen
Eine wahre Freude
Mit Farben, Formen, Bewegung
Begreifen

Lass mir meine Zeit
Beim Spielen und Arbeiten
Entdeckerfreude

Abb. 35: *Montessori-Kinder halten den Einmaleins-Stern der 4*

4. Begleitet uns!

Dieser Aufforderung möchte ich nun besonders nach-
gehen, da ich bei vielen Erwachsenen, die sich mit
einer freieren Erziehung beschäftigen, immer wieder
die Frage höre: *Wenn ich einem Kind etwas zeige, ist
das nicht schon zu manipulativ oder direktiv? Zwinge
ich ihm nicht meine Sicht der Dinge auf? Und wo bleibt
dann noch die Kreativität?*

Darbietungen

Mich haben seit meiner ersten Auseinandersetzung mit
der Montessori-Pädagogik besonders die **Darbietungen** fasziniert. Ich verstehe unter der Darbietung die
konzentrierte, absolut hingewendete Arbeit mit dem
Material – das Zeigen des „Richtigmachens" ohne den
Anspruch, es immer so tun zu müssen. Es geht darum,
Interesse für das Wesen des Materials zu wecken; das
folgende Bild versinnbildlicht dies:

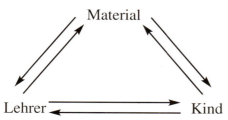

Wenn diese Beziehungskette erreicht ist, so kann man
von einer **ganzheitlichen Erfahrung** sprechen, sowohl
für das Kind als auch für den Erwachsenen. Es entsteht
für beide eine *Einheit zwischen Körper, Seele und
Geist.*

Allerdings konnte ich feststellen, dass Darbietungen
von Erwachsenen sehr unterschiedlich interpretiert und
eingesetzt wurden. Häufig habe ich beobachtet, wie
Kindern mit einer Darbietung das Material „beige-
bracht" und wie diese als Lektion verstanden wurde,
die dem Kind erteilt werden sollte. Andererseits konnte
ich Erwachsene erleben, wo die Darbietung eher vergleichbar war mit einem Ritual oder einer liebevollen,
„heiligen" Handlung. Für mich kristallisierte sich sehr
schnell heraus, dass es sich hierbei um eine Hal-
tungsfrage zum Kind handelte. In meiner Praxis zeigte
sich, dass vor allem die Kinder um eine Darbietung bitten, die echtes Interesse an der Sache haben oder auch
die Darbietung als Möglichkeit zur Kontaktaufnahme
mit dem Erwachsenen nutzen. Sie wissen, dass sie auf
diese Weise meine volle Aufmerksamkeit bekommen.
Ich erlebe auch ganz stark, wie Kinder den Moment der
Darbietung genießen und wie sie im Hier und Jetzt auf-
nehmen. Eine solche Darbietung kann sich während der
Freiarbeit mit einem einzelnen Kind ergeben; ich habe

es aber auch oft als Austausch mit einer Gruppe von
Kindern erlebt.

Der rosa Turm [10]

Im Folgenden sei die konkrete Situation einer Darbietung mit einer Kindergartengruppe (ca. 15 Kinder im
Alter zwischen drei und sechs Jahren) am Beispiel des
rosa Turms geschildert:

➤ Die Kinder sitzen im Kreis. Ich sage ihnen: *„Ich
möchte euch heute eine Darbietung mit dem rosa Turm
geben!"* Einige Kinder sagen spontan: *„Den kenn' ich
schon!"* – was sie aber nicht davon abhält, erwartungs-
voll sitzen zu bleiben. Sicherlich denken sie: „Mal
sehen, wie der es macht!" oder Ähnliches.

➤ In der Mitte des Stuhlkreises liegt ein runder
Teppich. Ich stehe auf und gehe zum Regal, wo der rosa
Turm steht. Von dort nehme ich den kleinsten der zehn
Würfel weg, lege ihn liebevoll auf meine Hand und
trage ihn – fast ein wenig majestätisch dahinschreitend
– zum Teppich. Nun gehe ich wieder zum Regal, um

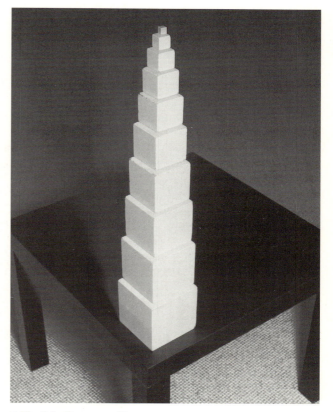

Abb. 36: Der rosa Turm

---

10 Originalmaterial von der Firma Nienhuis aus Zelhem/Holland; in Deutschland zu beziehen über Firma Riedel, Carl-Zeiss-Str. 35, 72770 Reutlingen,
   Telefon: 0 71 21/51 53 50.

den nächsten Würfel zu holen. Diesen lege ich auch langsam auf die Hand und bringe ihn zum Teppich. So verfahre ich mit allen zehn Würfeln. Das Auflegen der einzelnen Würfel auf die Hand führe ich pantomimisch so stark aus, dass die Kinder schon beim Hinschauen den Gewichtsunterschied der einzelnen Würfel spüren können. Mit dem bewussten langsamen Hin- und Hergehen zum Abholen der einzelnen Würfel versuche ich deutlich zu machen, dass mir jedes einzelne Teil des rosa Turms – ob klein oder groß, leicht oder schwer – gleichermaßen bedeutungsvoll ist.

➤ Die an verschiedenen Stellen platzierten zehn unterschiedlichen Würfel auf dem runden Teppich sehe ich mir nun voller Genuss an. Es sieht aus wie ein Gemälde von Wassily Kandinsky. Mit den Augen von einem Würfel zum anderen gehend, wähle ich den größten aus und lege ihn in die Mitte des Teppichs. Genau so vergleiche ich nun die anderen noch verbleibenden Teile, um hiervon den jetzt größten Würfel herauszunehmen und zentriert auf den Würfel in der Mitte zu setzen. So fahre ich fort, bis zum Schluss auch noch der kleinste Würfel mit viel Behutsamkeit auf die Spitze des Turmes gesetzt wird. Ich beobachte, wie manche Kinder genau meine Blicke verfolgen und ganz erleichtert sind, wenn ich den passenden Würfel ergriffen habe, um ihn in den Turm zu bauen. Es passiert auch, dass Kinder mitzählen.

➤ Nun schreite ich um den Turm herum, um das Werk von allen Seiten lautlos zu bewundern. Danach bringe ich alle Würfel des Turmes in einer Ecke seitenbündig zusammen und streichle vorsichtig an den zwei glatten Turmseiten mit beiden Händen entlang. Jetzt wandere ich mit dem kleinsten Würfel an den Stufen des Turmes an der einen Seite nach unten und wieder auf der anderen Seite nach oben zu seinem Platz zurück. Bei all diesem Tun achte ich darauf, dass ich ständig meine Hände abwechsele! Mit diesem wechselseitigen Spiel der Hände baue ich nun den Turm wieder ab und lege die einzelnen Würfel ungeordnet auf den Teppich zurück.

➤ Die Darbietung endet mit dem Aufräumen. Während dessen frage ich die Kinder, wer mir beim Zurücktragen der Teile zum Regal helfen möchte. In Windeseile nehmen sich zehn Kinder jeweils einen Würfel und ich begleite sie zum Regal. Interessant ist zu beobachten, wie sie sich hier vollkommen selbstständig organisieren und absprechen, damit der Turm in der richtigen Größenabstufung wieder auf seinem Platz steht. Manche wissen genau, wann sie an der Reihe sind, ihren Würfel hinzusetzen – bei den unsicheren Kindern werden liebevolle Hilfestellungen gegeben. Nachdem der rosa Turm wieder in voller Größe auf dem Regal steht, gehen wir alle gemeinsam zum Stuhlkreis zurück.

Abb. 37: Selbstständ. Spielen mit der „braunen Treppe"

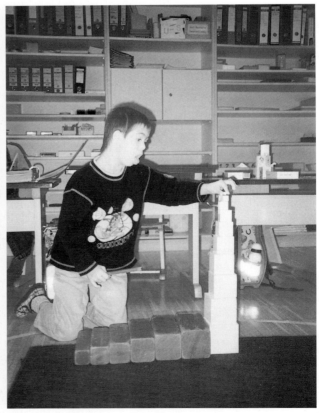

Abb. 38: Behindertes Kind baut rosa Turm

Es ist gut zu sehen, mit wie viel Interesse, Freude und Achtsamkeit die Kinder eine Darbietung verfolgen. Dies hat sicher seinen Grund darin, dass sie spüren, von mir nicht belehrt worden zu sein, sondern ihnen mit der Darbietung einen Moment meines ganzen Daseins geschenkt zu haben.

Eine wichtige Rolle spielt auch das Material, das keiner Erklärung mit Worten bedarf, sondern mich ganz in der Kunst der Pantomime aufgehen lässt, was für mich ein hoher Akt der Konzentration ist. Schon während der Darbietung muss der Erwachsene wissen und berücksichtigen, dass für das Kind immer das bewusste Streben nach Loslösung vom Erwachsenen im Vordergrund steht, um zu seiner größtmöglichen Selbstständigkeit und freien Persönlichkeitsentwicklung zu gelangen.

Mit der Montessori-Pädagogik ausgedrückt heißt der Leitsatz: *Hilf mir, es selbst zu tun!* Das Kind meint damit: *Zeige mir, wie es geht. Tu es nicht für mich. Ich kann und will es selbst tun. Hab aber auch Geduld, meine Wege zu begreifen. Sie sind vielleicht länger, vielleicht brauche ich mehr Zeit, weil ich mehrere Versuche machen will. Bitte beobachte mich nur und greife nicht ein. Ich werde üben. Ich werde meine Fehler, die ich mache, erkennen. Das Material zeigt sie mir selbst.*

Deshalb ist es auch nach der Darbietung wichtig für uns Erwachsene, uns ruhig in Bereitschaft zu halten und dafür zu sorgen, dass die Kinder frei sind, sich in ihrer eigenen Weise entwickeln zu können. Nur dadurch können wir beobachten, wie unterschiedlich die Kinder in der Freiarbeit mit dem rosa Turm arbeiten:
Bei den jungen Kindern im Kindergarten und auch bei vielen behinderten Kindern konnte ich sehen, wie diese versuchen, in der gleichen Weise den Turm ab- und wieder aufzubauen, wie sie es in der Darbietung verfolgt haben.

Einige Kinder haben sich einen Korb oder ein Tablett geholt, um dort alle zehn Würfel auf einmal draufzulegen und zu ihrem Arbeitsplatz zu transportieren. Für manche Kinder ist es auch eine Herausforderung, den ganzen Turm vorsichtig von einem Platz zu einem anderen zu balancieren. Interessant sind dann auch die verschiedenen Bauweisen mit dem rosa Turm zu beobachten: Für die einen ist es mit viel Arbeit verbunden, den gleichmäßigen Aufbau des Turmes hinzubekommen, während andere Kinder sich damit herausfordern, mit dem kleinsten Würfel als Fundament zu beginnen, alle zehn Teile bis zum größten Würfel darauf zu setzen, um die Statik zu erproben.

Abb. 39: Der rosa Turm auf den Kopf gestellt

Besonders beliebt ist auch die Kombination von rosa Turm, brauner Treppe (vgl. Abb. 37), roten Stangen, Zylinderblöcken und anderen Sinnesmaterialien, um ganze Baukunstwerke entstehen zu lassen.

Wenn sich die Kinder dabei von uns Erwachsenen wirklich **begleitet** und nicht unterrichtet oder kontrolliert fühlen und wir ihnen die nötige Ruhe und Zeit für ihre Entdeckungsreisen geben, dann ist zu beobachten, dass sie im Umgang mit dem Material achtsam sind. Der liebevolle, respektvolle Umgang mit sich selbst und dem Material wirkt sich schließlich auch auf den Kontakt mit anderen Kindern und Erwachsenen aus.
Es mag für Eltern, ErzieherInnen und LehrerInnen hart sein zu akzeptieren, dass **Erziehung** nicht allein das ist, was sie vermitteln, sondern **vielmehr ein Prozess, der sich im Kind selbst abwickelt.** Es ist aber auch entlastend. Unsere Erziehungswirkung ist dann am größten, wenn wir nicht absichtlich und geplant erziehen. Das Kind übernimmt Aktivitäten und versetzt uns in großes Staunen. Als Eltern und professionelle Pädadogen sollten wir mehr Wert auf die Vorbereitung der Umgebung legen, auf das Bereitstellen von Materialien und die Schaffung von Anreizen für das Kind, sollten also weniger reden und erklären.

„Eine Frau, die einen Säugling an der Brust hielt, sagte: eure Kinder sind nicht eure Kinder. Sie sind die Söhne und Töchter der Sehnsucht des Lebens nach sich selber. Sie kommen durch euch, aber nicht von euch. Und obwohl sie mit euch sind, gehören sie euch doch nicht. Ihr dürft ihnen eure Liebe geben, aber nicht eure Gedanken. Denn sie haben ihre eigenen Gedanken. Ihr dürft ihren Körpern ein Haus geben, aber nicht ihren Seelen. Denn ihre Seelen wohnen im Haus von morgen, das ihr nicht besuchen könnt, nicht einmal in euren Träumen. Ihr dürft euch bemühen, wie sie zu machen. Denn das Leben läuft nicht rückwärts, noch verweilt es im Gestern. Ihr seid die Bogen, von denen eure Kinder als lebende Pfeile ausgeschickt werden. Der Schütze sieht das Ziel auf dem Pfad der Unendlichkeit, und er spannt euch mit seiner Macht, damit seine Pfeile schnell und weit fliegen. Lasst eure Bogen von der Hand des Schützen auf Freude gerichtet sein; denn so wie er den Pfeil liebt, der fliegt, so liebt er auch den Bogen, der fest ist.“ [11]

Abb. 40: *Kinder bauen eine Sinnesmaterial-Landschaft*

11 Gibran, S. 16 f.

Erwachsene
Begleitet uns
Gebt uns Darbietungen
Danach lasst uns allein
Entdecken

Mit dem rosa Turm
Entdecken die Kinder viel
Wenn wir sie lassen

Abb. 41: *Mit den zehn Teilen des rosa Turms ein Bild gestaltet*

5. Lasst uns Fehler machen!

Schreibenlernen

Mit diesem Wunsch verband sich für mich sofort das konkrete Thema des **Schreibenlernens**, das bei mir immer noch schmerzhafte Kindheitserlebnisse hervorruft: Angsterfüllt saß ich in der 1. Klasse und lernte nacheinander die Buchstaben zu schreiben – im Gleichschritt mit 29 anderen Erstklässlern. Die Lehrerin hatte hierfür zeilenweise **ihre** Buchstaben in **meinem** Heft vorgeschrieben, und ich hatte die Aufgabe, diese genau Zeile für Zeile nachzuschreiben. Einigen Mitschülern gelang das schnell und gut, doch mich kostete es viel Anstrengung und Zeit. So gab es auch immer noch genügend Schreibarbeit für Zuhause. Bei der Anstrengung, die Buchstaben der Lehrerin genau so nachzumalen, musste Mutter oft radieren, manchmal sogar so häufig, dass ein Loch ins Papier radiert wurde. Mutter entfernte dann vorsichtig die Heftseite und auf einer neuen Seite versuchte sie, die Buchstaben der Lehrerin wieder genau so hinzuschreiben, bis die Aufgabe hoffentlich zur Zufriedenheit der Lehrerin erfüllt war. Beim Vorzeigen in der Schule machte alles einen fehlerlosen Eindruck, doch war meine Angst riesig, dass die Lehrerin bemerken könnte, wie ungeschickt ich mich wieder angestellt hatte.

Nachdem ich so schreiben gelernt hatte, kam der nächste Schreibstress. Dies sei am Beispiel des Kartenschreibens kurz aufgezeigt. Die Ferien verbrachte ich meistens bei Verwandten und es war selbstverständlich, dass am dritten Tag eine Karte an die Zurückgebliebenen Zuhause geschrieben werden musste. Natürlich konnte ich nicht einfach das schreiben, was mir in den Sinn kam. Die Tante wusste genau, welcher Text auf eine solche Karte gehörte und schrieb ihn mir deshalb gleich vor. Meine Aufgabe war es nun, diesen vorgeschriebenen Text fehlerlos abzuschreiben, was meistens auch mit mehrmaligen Korrekturen verbunden war. So hatte ich während meiner weiteren Entwicklung häufig den Eindruck, dass mein Schreiben nicht viel mit meiner persönlichen Ausdrucksmöglichkeit zu tun hatte, sondern viel mehr mit der Freude der Erwachsenen, auf Fehlersuche zu gehen und meine Unfähigkeit aufzuspüren.

Maria Montessori drückt dies in dem Buch „Die Macht der Schwachen" folgendermaßen aus: *„Wonach suchen wir denn wirklich im Kind? Fast immer sind wir auf Ausschau nach Fehlern – nicht nur nach denen, die es gemacht hat, sondern auch nach denen, die es machen könnte. Das Einzige, was wir wirklich tun müssen, ist, unsere Grundhaltung gegenüber dem Kind zu ändern und es zu lieben mit einer Liebe, die an seine Personali-*

tät glaubt und daran, dass es gut ist; die nicht seine Fehler, sondern seine Tugenden sieht, die es nicht unterdrückt, sondern es ermutigt und ihm Freiheit gibt." [12]

Abb. 42: *Montessori-Schüler legt Wörter mit Hilfe des Buchstabenkastens*

Dahingehend beobachte ich auch heute noch viele Erwachsene, die glauben, für das Kind eine wichtige Unterstützung zu sein, um dieses ständig auf seine Fehler aufmerksam zu machen oder die Fehler zu beheben. Meistens greifen sie schon vorher ein, damit Kinder erst gar keine Fehler machen können. Kinder, die von solch ehrgeizigen Erwachsenen unterrichtet werden, entwickeln schnell Minderwertigkeitsgefühle. Und so kommt es oft, dass Kinder schon kurz nach ihrer Einschulung sagen: *„Ich kann das nicht!",* noch bevor sie eine Arbeit begonnen haben.

Montessori erkannte bereits zu Beginn ihrer pädagogischen Arbeit um 1900, dass es sich bei dem Schreibenlernen um ein Problem des Erwachsenen handelt, der glaubt, dass das Erlernen des Alphabets mit großen Mühen verbunden sei. Sie entdeckte aber, dass es Kindern ein Vergnügen bereitet, sich mit den Buchstaben zu befassen, dass es lediglich auf den richtigen Zeitpunkt ankomme. Sie bemerkte, dass das Schreiben- und Lesenlernen nicht erst mit dem Schuleintritt beginnt. Bereits im Alter von zwei bis drei Jahren be-

---

12 Montessori[4], S. 11f.

obachtet das Kind, dass für die Erwachsenen das Schreiben von großer Bedeutung ist. Es versucht dies nachzuahmen, indem es auf Papier kritzelt und dies danach vorliest.

Abb. 43: Große Freude über entstandene Wörter

Bald danach entdeckt das Kind, dass es nicht genügt, einfach zu „kritzeln", sondern dass es sich wohl um bestimmte aneinander zu reihende Zeichen handelt, die geschrieben und gelesen werden können.

Dafür werden dem Kind die Fühlbuchstaben zur Verfügung gestellt. Es macht besonders den kleinen Kindern viel Freude, einen Laut zu hören und dazu ein rätselhaftes Zeichen zu sehen und zu ertasten.

Montessori schrieb: „*Es sind ja die suchenden Hände des ganz kleinen vierjährigen Kindes, das alles um sich herum berührt in dem unwiderstehlichen und unbewussten Bemühen, seine endgültige Koordination zu fixieren.*"[13]

So ist dieses Schreibenlernen aus der Bewegung und Tasterfahrung heraus vor allem für das kleine Kind besonders interessant. Bereits beim sechsjährigen Kind steht der sichtbare Buchstabe im Vordergrund. Deshalb

eignet sich für Kinder dieses Alters bei Schuleintritt besonders gut die Anlauttabelle[14] auf Seite 34, die jedem Kind zur Verfügung steht.

Hosentaschen-Alphabet[15] und Lautschrift

Sehr attraktiv ist auch das Hosentaschen-Alphabet auf Seite 35. In der Tabelle sind die verschiedenen Buchstaben mit entsprechenden Bildern versehen, die den Anlaut symbolisieren. In einem großen Angebot von Buchstaben- und Bildmaterial fangen die Kinder sehr schnell an, spontan zu schreiben. Das heißt, es legt Wörter mit beweglichen Buchstaben, es stempelt, es schreibt mit Kreide an die Tafel oder mit Stiften auf großem Papier. Dabei schreibt es jetzt so, wie es das Wort hört:

MUTA (= Mutter)
FATA (= Vater)
OMA
OPA
TETIBEA (= Teddybär)

Manche schreiben gleich ganze Botschaften wie **ESTUTMIALAID** (= Es tut mir leid) u. Ä.

Nun ist in diesem Stadium die Haltung des Erwachsenen von großer Bedeutung. Für viele ist es schwer auszuhalten, wenn Kinder ihre eigenen Wege oder sogar Umwege beim Schreibenlernen gehen und dabei auch noch zu bemerken, dass Kinder einer gleichen Gruppe ganz unterschiedlich vorgehen. Immer noch neigen viele Erwachsene dazu, ungeduldig einzugreifen und dem Kind zu sagen, dass es etwas falsch gemacht hat. Sie schlagen ihnen dann richtige, bessere und schnellere Wege vor. Das Kind hatte aber **seine** Erkenntnis mit den Lauten und Zeichen mit viel Anstrengung umgesetzt und war stolz darauf. Es beginnt somit, seinem eigenen Lern- und Wahrnehmungsprozess zu misstrauen und hört vielleicht erst einmal auf zu schreiben.

---

13 Montessori[1], S. 228.

Abb. 44: Kinder der Montessori-Gruppe entdecken Fühlbuchstaben

Anlauttabelle[14]

© 1995 Schule konkret

14 Entnommen aus: „Schrift entdecken" von Ursula Baumann, Verlag Schule konkret, U. & K. Baumann, Schönwalde 1995, Tel.: 0 33 22 / 20 85 58.

Doch sollten wir in dieser **Phase des spontanen Schreibens** die Freude mit dem Kind teilen und nicht durch Angst vor Fehlern stoppen. Da die Kinder ihre Schreibergebnisse oft von uns vorgelesen bekommen wollen, empfiehlt es sich, den Kindertext laut zu lesen, da dies für uns Erwachsene wie auch für das Kind eine Verständnishilfe bietet. Wichtig ist es in diesem Stadium, das Vertrauen zum Kind aufrechtzuerhalten. Um dieses Vertrauen aufzubauen, hilft es, sich daran zu erinnern, wie wir uns über die ersten gesprochenen Wörter und Sätzchen eines Kindes freuten und niemand dabei auf die Idee gekommen war, dem Kind, das sprechen lernt, die „falschen" Wörter zu verbieten oder zu korrigieren. Eher führen Erwachsene Buch über die verschiedenen Wortkreationen der Kinder oder erzählen es Freunden weiter, weil sie darin so viel Sinn-

haftigkeit entdecken, die uns Erwachsenen oft schon abhanden gekommen ist. Die Abweichungen der kindlichen Sprache von der des Erwachsenen wird nicht als fehlerhaft gesehen, sondern als Weg zur „normalen" Sprache. So sollten Erwachsene auch beim Erwerb der Schriftsprache ihrer Kinder versuchen, den TETIBEA als echte Leistung des Kindes in einem bestimmten Entwicklungsstadium anzuerkennen und diesen nicht als Fehler gemessen an der „Normalschrift" zu sehen.

Zur Beruhigung ist festzustellen, dass Kinder dieses Stadium der Lautschrift auch wieder verlassen, da sie bald neue Erfahrungen machen und damit weitere Regeln des Schreibens kennen lernen und akzeptieren. Hierfür müssen dem Kind jedoch genügend Angebote gemacht werden.

Das Hosentaschen-Alphabet – die „Welt der Schrift in der Hosentasche"[15]

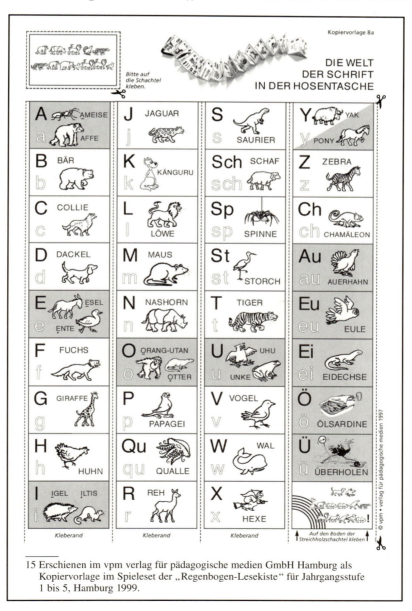

15 Erschienen im vpm verlag für pädagogische medien GmbH Hamburg als Kopiervorlage im Spieleset der „Regenbogen-Lesekiste" für Jahrgangsstufe 1 bis 5, Hamburg 1999.

Der Bauernhof

Besonders attraktiv ist als ein solches Angebot der Bauernhof, der den Kindern Platz für Rollenspiele oder zum Gespräch über und mit den dort vorhandenen Tieren, Figuren und Gegenständen bietet. Daraus entsteht oft der Wunsch eines Kindes, zu dem Namen des Tieres auch das entsprechende Wort zu lesen. Dafür geht es zum Erwachsenen, der ihm zu jedem mitgebrachten Gegenstand das jeweilige Wort aufschreibt.

Bei diesem Dialog zwischen Kind und Erwachsenen steht der emotionale Kontakt und nicht der Stoff oder das Beibringen des Lesens im Vordergrund. In einem so entspannten Miteinanderlernen nimmt der Verstand des Kindes auch gern immer mehr die Regelmäßigkeiten und Unregelmäßigkeiten in unserer Schriftsprache auf.

Wenn wir also Spracharbeit nicht auf das Lehren und Unterrichten reduzieren wollen, so müssen wir Erwachsene uns auf besondere Weise vorbereiten: Wir müssen selbst in die Sprache verliebt sein – dann werden wir durch unsere eigene Haltung auch bei den Kindern die nötige Wertschätzung hervorrufen.

Montessori meinte hierzu: „*Es soll uns nicht bekümmern, ob das Kind zuerst lesen oder schreiben lernt und welcher Weg ihm leichter fällt. Wichtig ist, dass mit dieser entwickelten Methode die freie Entwicklung der Persönlichkeit gegeben ist.*"[16]

Abb. 45:
Der Bauernhof

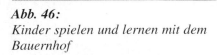

Abb. 47:
Zuordnung der Wörter zu den Gegenständen

Abb. 46:
Kinder spielen und lernen mit dem Bauernhof

16 Montessori[1], S. 240.

Schreiben
Eine Freude
Für das Kind
Wenn wir es lassen
Sicherheit

Das Kind lernt schreiben
Es muss Fehler machen dürfen
Dann entsteht Schreiblust

Abb. 48: *Entdecken und Schreiben von chinesischen Schriftzeichen*

6. Gebt uns Orientierung!

Offenheit statt traditionelle Methoden

Um dem Kinderwunsch *Gebt uns Orientierung!* gerecht werden zu können, brauchen wir Erwachsene erst einmal eine Orientierung in der Erziehung. In Gesprächen mit Eltern, KindergärtnernInnen und LehrernInnen höre ich immer wieder Hilflosigkeit und Orientierungslosigkeit bezüglich des Umgangs mit Kindern heraus. Sie wollen Ratschläge, Methoden und Hinweise, wie sie es anders oder gar besser machen können in der Erziehung.

In meinem langjährigen Entwicklungsprozess als Erzieher habe ich festgestellt, dass es weder mir noch dem Fragenden etwas bringt, Tipps weiterzugeben. Denn es ist letztlich nur eine Frage von Machtaustausch zwischen uns Erwachsenen: Der Fragende übt Macht mit seiner Hilflosigkeit aus und ich als Ratgeber beruhige mein Gegenüber ganz schnell mit einer „klugen" Antwort bezogen auf meine scheinbare Kompetenz. Es ist somit kein echter Kontakt entstanden, um das Problem in Ruhe anzuschauen, sondern lediglich ein kurzer Ratschlag-Abtausch, der keinem von beiden eine wirkliche Orientierungshilfe geben kann.

Ute Andresen[17] sagte einmal: *„Ratschläge sind auch Schläge."* Wir müssen uns immer vor Augen führen, dass Kinder keine besseren oder neueren Methoden brauchen, sondern Menschen, die bereit sind, sich zu verändern. Dies bedeutet, dass wir immer für Neues und Unvorhergesehenes offen sein müssen und dabei jede Veränderung bei uns und in unserer Umgebung mit Interesse, Geduld und Aufmerksamkeit verfolgen sollten. Dabei ist es wichtig, dass wir uns Klarheit verschaffen bezüglich der Richtung, in die wir gehen wollen – gleichzeitig aber immer offen bleiben für notwendige Richtungswechsel.
Vertrauenswürdige Gespräche mit anderen Menschen oder ein Gedankenaustausch über das Studium von Literatur kann uns wichtige Impulse und Hinweise geben, doch müssen wir uns immer darüber im Klaren sein, dass wir schlussendlich nur unseren eigenen Sinnen vertrauen können und die Verantwortung für jeden weiteren Schritt in der Erziehung selbst übernehmen müssen.

Im Folgenden möchte ich darlegen, wie für mich die Auseinandersetzung mit der Philosophie *Maria Montessoris* zu einer echten Orientierungshilfe wurde. Wie bereits in der Einleitung des Buches ausgeführt, hatte ich in meiner Ausbildung als Lehrer viele Methoden des Unterrichtens kennen gelernt und von „Kampf

erprobten" Praktikern wohl gemeinte Ratschläge und Tipps erhalten, um das Unterrichten besser in den Griff zu bekommen. Trotzdem blieben alle meine Versuche erfolglos. Heute ist mir klar, dass ich vollkommen orientierungslos war und somit in der Masse von Ideen, Ratschlägen, Erwartungen und Anforderungen als Lehrer und Mensch auf der Strecke blieb. Um so wichtiger war es für meine weitere Entwicklung, dass ich sehr früh mit dem Gedankengut Montessoris innerhalb meines ersten Montessori-Lehrgangs in Kontakt kam. Das Studium der einschlägigen Literatur und die theoretischen Vorträge brachten bei mir zunächst noch mehr Verwirrung und emotionale Tiefgänge. Erst in der aktiven Auseinandersetzung mit dem Material entstand Klarheit – und das Verständnis dafür, den richtigen Weg eingeschlagen zu haben, wuchs zunehmend.
Nach langjähriger Beobachtung an mir und den von mir betreuten Kindern behaupte ich, dass es zum einen die Klarheit und Struktur des Materials und zum anderen die Philosophie dahinter waren, die eine echte Orientierungshilfe darstellten. In der Auseinandersetzung mit dem Material erfährt sich das Kind als integrierten Bestandteil eines Ganzen. Es lernt nicht bloß Rechnen, Schreiben, Lesen und die Grammatik, weil das im Lehrplan so vorgesehen ist. Vielmehr begreift es über das Material die Beziehungen der Dinge zueinander und kommt somit zu einem echten Verständnis des Ganzen und seiner vielfältigen Ausprägungen. Am **Goldenen Perlenmaterial** und den **Wortsymbolen** werde ich dies verdeutlichen.

Goldenes Perlenmaterial[18]

Mit dem „Goldenen Perlenmaterial" erfährt das Kind die Mathematik der Ausdehnung im Zehnersystem: Die Eins (bzw. *der Einer*) ist ein Punkt, *der Zehner* ist eine Aneinanderreihung von zehn Punkten zu einer Linie:

Abb. 49: Der Einer

---

17 Andresen, S. 38.
18 Originalmaterial von der Firma Nienhuis aus Zelhem/Holland.

Der Hunderter ist eine Aneinanderreihung von zehn Linien zu einer Platte, der Tausender besteht aus zehn zusammengesetzten Platten, die wieder einen dicken Punkt ergeben, der Zehntausender besteht aus zehn zusammengesetzten Kuben, die gemeinsam wieder eine dicke Linie ergeben.

➤ Bereits hier haben die Kinder eine echte Orientierung innerhalb der Mathematik mitbekommen, die für sie von großer Bedeutung ist. Es sind oft schon Kindergartenkinder, die von den großen Zahlen reden und die nun mit Hilfe dieses Materials und ihrer Vorstellungskraft in die weitesten Zahlenräume vordringen können und sich am Ende immer wieder bei ihrem konkreten Einer bzw. sich selbst wiederfinden können. Um den Kindern die Möglichkeit zu geben, sich konkret mit diesen großen Zahlenräumen zu beschäftigen, werden ihnen mit dem „Goldenen Perlenmaterial" auch gleich die Zahlensymbole für Einer, Zehner, Hunderter und Tausender angeboten.

Abb. 50: *Der Zehner*

Abb. 51: *Der Hunderter*

Abb. 52: *Der Tausender*

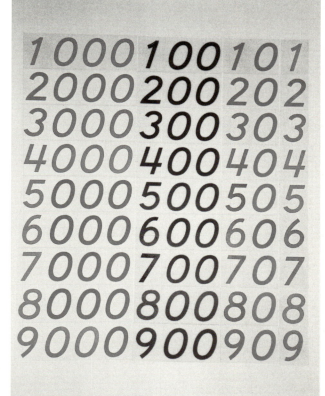

Abb. 54: *Die Zahlenkarten*

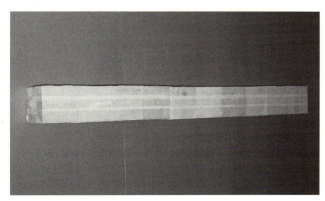

Abb. 53: *Der Zehntausender*

Sie bringen die Zahlensymbole mit dem konkreten Material in Verbindung und erfahren dabei, dass sie lediglich zehn Symbole brauchen (0, 1, 2, 3, 4, 5, 6, 7, 8, 9), um sich in der „Riesenwelt der Zahlen" bewegen und orientieren zu können. Die Eins und die Null sind für das Ganze wie ein Rahmen. *Hans Magnus Enzensberger* hat dies in seinem Roman **„Der Zahlenteufel"** auf wunderbare Weise beschrieben:

Der Zahlenteufel[19]

„…Auf der großen Treppe erschien ein Chinese in seidenen Gewändern und nahm auf dem goldenen Thron Platz. „Wer ist denn das?" fragte Robert. „Das ist der Erfinder der Null", flüsterte Teplotaxl. „Der ist wohl der Größte?" „Der Zweitgrößte", sagte sein Begleiter. „Der Allergrößte wohnt ganz da oben, wo die Treppe aufhört, in den Wolken." „Ist der auch ein Chinese?" „Wenn ich das wüsste! Den haben wir noch kein einziges Mal zu Gesicht bekommen. Aber wir verehren ihn alle. Er ist das Oberhaupt aller Zahlenteufel, denn er hat die Eins erfunden. Wer weiß, vielleicht ist er ja gar kein Mann. Vielleicht ist er eine Frau!"
Robert war so beeindruckt, dass er lange Zeit den Mund hielt. Inzwischen hatten die Diener angefangen, das Abendessen zu servieren. „Das sind ja lauter Torten", rief Robert. „Pscht! Nicht so laut, mein Junge. Wir essen hier nur Torten, weil Torten rund sind und weil der Kreis die vollkommenste aller Figuren ist. Probier mal …"

Die Eins ist der Beginn – nun kommt die zweite, dritte, vierte, fünfte, sechste, siebente, achte, neunte und zehnte Kugel dazu. Bei der zehnten angelangt, wird in eine neue Einheit getauscht – den Zehner oder die Zehn. Wieder geht die Zählung weiter, für die wir die Ziffern zwei bis neun benötigen; bei der zehnten Stange angekommen haben wir 100. Das Kind erlebt dabei, dass wir uns immer wieder auf eine neue **Ein**heit zubewegen; die Null hilft dabei, sich vorzustellen, wie viel Raum sich die Zahlen bereits genommen haben.

Sicherlich kann man sich vorstellen, wie die Auseinandersetzung mit dem Material dem Kind eine tiefe, psychologische Botschaft vermittelt. Genau so wie es hier die Ausdehnung in der Mathematik erfährt, kann es auch seine Entwicklung nachvollziehen: Beginnend mit einem Punkt (der Eizelle) wächst das menschliche Wesen heran und nimmt sich immer mehr Raum. Es kommt auf die Welt, wird größer und erweitert beständig seinen Raum. Dabei kommt es mit anderen „Einheiten" (sprich: mit anderen Kindern) in Kontakt. Dies trägt dann oft dazu bei, dass Erwachsene die Orientierung zu dem einen (ihrem) Kind verlieren und damit die Beziehung aufs Spiel setzen. Doch wenn wir nun wieder die Mathematik zur Hilfe nehmen, wird uns sofort deutlich, dass wir alles – auch wenn wir schon in verschiedenste Räume vorgedrungen sind – wieder auf den Einer oder die Eins beziehen müssen.

Eine ähnliche philosophische Beziehung zwischen der Mathematik und dem Leben stellen für mich die Farben dar, die *Montessori* für das **Dezimalsystem** gewählt hat.

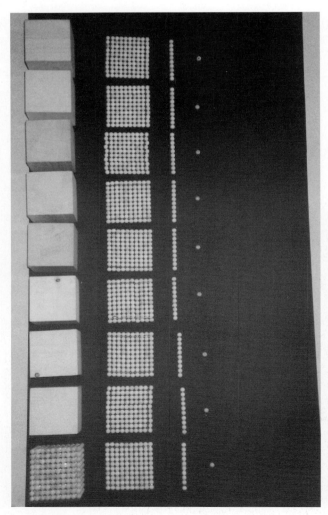

Abb. 55: *Ausgelegtes Neunerspiel*

Abb. 56: *Der Wald als eine Assoziation für das Dezimalsystem*

---

19 Enzensberger, Hans Magnus: zitiert in „Der Zahlenteufel", Carl Hanser Verlag, München/Wien 1997, S. 245 ff.

Symbole und Assoziationen für das Dezimalsystem

➤ Hier ist der *Einer* mit der Farbe *Grün,* der *Zehner* mit der Farbe *Blau* und der *Hunderter* mit der Farbe *Rot* besetzt. Der *Tausender* ist wieder *Grün* – entsprechend dem großen Punkt. Der *Zehntausender* ist *Blau* – entsprechend der großen Linie, und der *Hunderttausender Rot* – entsprechend der großen Platte usw.

➤ Ist es nicht naheliegend, dem Einer innerhalb eines Zahlensystems die Farbe Grün zu geben, da sie mit Wachstum zu tun hat? So kann Grün den Samen symbolisieren, der in die Erde gesetzt wird. Zum Wachsen benötigt der Same Wasser, das mit der Farbe Blau symbolisiert ist. Wie Kugel für Kugel der Einer sich zum Zehner entwickelt, so kommt aus dem Samen auch der Spross heraus, der sich immer mehr entfaltet, zur Baumkrone wird, in der Blüten und später Früchte entstehen. Zehn Zehner bilden den Hunderter, dessen Farbe Rot die Energie und Kraft symbolisiert. Diese Kraft ist bei der Pflanze die Frucht, die zu Boden fällt, um neuem Samen Platz zu geben, sich weiter zu verbreiten.

Damit sind wir wieder bei der Ursprungsform des Punktes (dem Tausender, der bei *Montessori* mit der Farbe Grün besetzt ist), und dies bedeutet gleichzeitig den Neubeginn für eine weitere Reise in die drei Dimensionen und die Ausbreitung von Lebensenergie.

➤ Diese **drei Dimensionen** spiegeln sich auch in der Religion wider: So steht die Farbe Grün, die den *Einer* symbolisiert, für den Anfang und die Hoffnung. Dies könnte in der christlichen Theologie verbunden werden mit dem Ursprungsprinzip in Gott, der das Wort spricht. In der indischen Gottheit der Trimurti ist es Brahma, der Weltschöpfer oder Ursprung.

Die Farbe Blau, die den *Zehner* symbolisiert, steht für die Treue, die Dauer und den Glauben. In der christlichen Theologie könnte hierfür Gottes Sohn stehen, durch den das Wort des „Vaters" fließt. In der indischen Gottheit der Trimurti ist es Vischnu, der Welterhalter.

Die Farbe Rot, die den *Hunderter* symbolisiert, steht für die Liebe, das Feuer und die Gefahr. In der christlichen Theologie könnte hierfür der Heilige Geist stehen – ausgedrückt im Überschwang der Liebe zwischen Vater und Sohn, die brennt und Neues werden lässt. In der indischen Gottheit der Trimurti ist es Shiva, der Weltzerstörer, der wiederum einen neuen Anfang ermöglicht.

Montessoris „Psychogrammatica"

Wie *Montessori* von einer „Psychoarithmetica" spricht, so auch von einer **„Psychogrammatica"** oder einer „Philosophie der Grammatik", die ich an dieser Stelle

kurz beleuchten möchte, da sie eine hervorragende Orientierungshilfe darstellt, um in weitere Sprachräume vorzudringen. Angelehnt an das Dezimalsystem gibt es auch hier zehn Wortartensymbole, die schon allein durch ihre Gestalt eine enge Verbindung zwischen Sprache und Mathematik darstellen.

Interessanterweise taucht auch hier – wie in der Mathematik die Eins und die Null oder im Leben Mann und Frau – wieder die Dualität in Form des Substantivs und des Verbs auf. Dies sind die tragenden Säulen in der Welt der Sprache.

● Dem Substantiv ordnete *Montessori* symbolisch das Modell der Pyramide zu, wovon das Wortsymbol des *schwarzen Dreiecks* abgeleitet ist. Die Pyramide als ein sehr altes Bauwerk soll versinnbildlichen, dass das Substantiv wahrscheinlich als erstes Wort von Menschen zu ihrer Verständigung benutzt wurde. Die Farbe Schwarz steht stellvertretend für die Materie und das Dreieck für das Statische, das was ist – vergleichbar mit dem *Einer.*

● Dem Verb gab sie als Symbol einen roten Ball, wovon sie das Wortsymbol des *roten Kreises* ableitete. Die Farbe Rot versinnbildlicht die Energie, und der **Ball bzw. Kreis** steht für die Bewegung und Dynamik – vergleichbar mit der *Null.*

● Zwischen Substantiv und Verb befinden sich acht weitere Wortarten, deren Symbole entweder eine stärkere Beziehung zum Verb oder zum Substantiv deutlich machen.

Mit diesem Paar ist die **gesamte Verwandtschaft von Wortarten** verbunden. Die psychologische und philosophische Bedeutung dieses Zugangs zur Grammatik wird besonders deutlich in der folgenden Geschichte, die *Montessori* sich zur Funktion der Wörter für Kinder ausgedacht hat und die ich noch zusätzlich in die weibliche Form gesetzt habe, damit sich jedes Kind – Junge und Mädchen – hier wieder finden kann:

Abb. 57: Die Symbole für das Substantiv und das Verb

Die Geschichte

Es war einmal ein Prinz bzw. eine Prinzessin, der/die war sehr mächtig. Er/Sie regierte ein ganz besonderes Land: das Land der Wortarten (Abb. 58).
Meistens wurde der Prinz/die Prinzessin von einem kleinen blauen Diener begleitet (Abb. 59).
War der Prinz bzw. die Prinzessin guter Laune, nahm er/sie den ersten großen Diener/in mit. Dann hatten alle Leute das Vergnügen zu sehen, was für ein Prinz bzw. was für eine Prinzessin er/sie war (Abb. 60).

Den zweiten großen Diener oder die zweite große Dienerin rief er/sie zu sich, wenn er/sie sich mit anderen Prinzen/Prinzessinnen traf. Der Diener bzw. die Dienerin hatte die Aufgabe, die Zahl der versammelten Prinzen bzw. Prinzessinnen zu verkünden (Abb. 61).
Manchmal hatte der Prinz/die Prinzessin keine Lust, sich selbst zu zeigen. Dann schickte er/sie einfach einen Stellvertreter bzw. eine Stellvertreterin. Er/Sie musste ganz alleine gehen – ohne einen einzigen Diener (Abb. 62).

Der Prinz/die Prinzessin erzählt: Als ich in das fremde Land kam, konnte ich den Weg nicht finden. Plötzlich sah ich am Wege kleine grüne Sichelmonde stehen. Es waren Wegweiser, die anzeigten, wo man etwas finden konnte oder wohin man gehen musste (Abb. 63).
Die rote Sonne rollte über den Himmel und machte sie alle lebendig, aber nur für eine bestimmte Zeit (Abb. 64).

Die Sonne war aber nicht immer allein am Himmel – manchmal kam der kleine Mond und beschien die Sonne. Da konnte man auf einmal erkennen, wie die Sonne aussah, wo sie gerade stand oder wann sie wieder weggehen würde (Abb. 65).

Alles in dem Land des Prinzen/der Prinzessin war bestens geordnet. Es arbeitete dort nicht jede/r allein, nein, sie kamen zusammen, um sich zu besprechen. Alle Städte waren mit Eisenbahnschienen verbunden. So konnte man sich schnell versammeln – man brauchte sich nur in den Zug zu setzen (Abb. 66).
Man darf sich nicht vorstellen, dass es in diesem schönen Land immer still war. Nein, manchmal riefen die Leute ganz laut irgendwelche Wörter aus – vor Freude oder weil sie traurig waren: „Hallo!" „Oh!" oder „Ach!" (Abb. 67).

Jetzt haben wir alle Vertreter des Prinzenlandes/Prinzessinnenlandes kennen gelernt. Es ist ein sehr interessantes Land. Je länger man sich dort aufhält, desto besser kennt man sich dort aus. Oft kommt man gar nicht aus dem Staunen heraus, denn es kommt vor, dass eine Wortart die Aufgabe einer anderen Wortart übernimmt. Aber das sind Geheimnisse, die man erst langsam nach und nach entdecken kann.

Abb. 58: *Der Prinz*

Abb. 59: *Prinz mit kleiner Dienerin*

42

Abb. 60: *Erste große Dienerin*

Abb. 61: *Zweite große Dienerin*

Abb. 62: *Stellvertreter des Prinzen*

Abb. 63: *Der Wegweiser*

Abb. 64: Die rote Sonne

Abb. 65: Sonne und Mond

Abb. 66: Verbindende Eisenbahnschienen

Abb. 67: Die Ausrufende

Spiegelt die Geschichte nicht das Leben des Kindes wider? Jedes Kind kann sich als Prinz oder Prinzessin wiederfinden mit all seinen Freunden. Es bewegt sich mit Hilfe der Sonne in Raum und Zeit. Es erfährt, wie wichtig jeder Einzelne ist – jedoch erst im Miteinander zu einer wirklichen sozialen Gemeinschaft findet. Jeder hat seine Aufgabe zu erfüllen, kann aber auch für den Anderen eintreten und in immer wieder neue, unbekannte Bereiche vorstoßen.

Es ist mir im Laufe der Jahre immer deutlicher geworden, dass Kinder, die sich in dieser Weise mit Mathematik oder Sprache beschäftigen konnten, nicht nur eine Orientierungshilfe für diese Fächer mitbekommen haben, sondern auch für ihr späteres Leben. Gespräche mit ehemaligen Kindern aus Montessori-Schulen bestätigen dies immer wieder. Mit Hilfe der intensiven spielerischen Erfahrung in Mathematik und Sprache haben sie ein echtes Verständnis hierfür entwickelt und für das Lernen eine Orientierung bekommen. Es gelingt ihnen gut, diese Erfahrung in weiterführenden Schulen auf formalere, abstraktere Denkvorgänge zu übertragen. Letztlich haben sie aber durch diese besondere Auseinandersetzung mit Mathematik und Sprache eine Orientierung für ihr Leben mitbekommen.

Orientierung
Für Mathematik
Grün, Blau, Rot
Begreife das Dezimalsystem mit
Farben

Die Welt der Sprache
Geordnet mit Symbolen
Gibt mir viel Klarheit

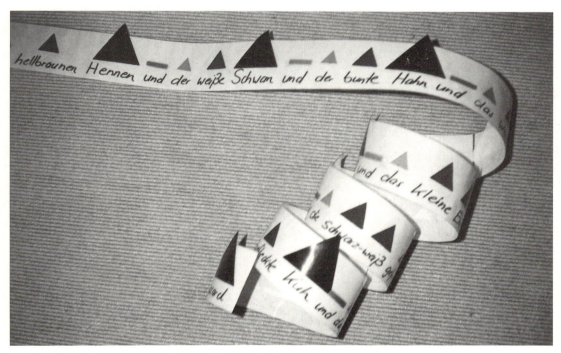

Abb. 68: Ein Ornamentstreifen mit Wortsymbolen

7. Setzt uns klare Grenzen!

Verständnis statt Druckmittel

Der Wunsch *Setzt uns klare Grenzen!* löst oftmals bei Erwachsenen, die im Widerstand gegen traditionelle Erziehungsmuster neue Wege suchen, viel Hilflosigkeit und große Unsicherheit aus. In den vielen Gesprächen, die ich mit Eltern, Kindergärtnerinnen und LehrerInnen geführt habe, stellte sich heraus, dass die Angst, Grenzen zu setzen, von den selbst gemachten Erfahrungen herrühren: Hier wurden oft die Grenzen als Druckmittel benutzt, das zu tun oder zu lassen, was andere von uns erwarteten. Es waren meist Verbote, Hinweise oder Verwarnungen – Appelle an unser „besseres" Ich. Bei diesen Grenzsetzungen wurden häufig unsere persönlichen Bedürfnisse weder gesehen noch beachtet. Wir hatten uns den Bedürfnissen der Erwachsenen anzupassen und taten das meistens auch, um die für unsere Entwicklung notwendige Zuwendung und Anerkennung zu bekommen. Doch was können wir nun in einer konkreten Situation alternativ tun?

Seit den siebziger Jahren ist eine Flut unterschiedlichster Literatur erschienen, die hierfür konkrete Tipps und Ratschläge erteilt. Im Vordergrund stehen die Möglichkeiten, Probleme mit Intelligenz und Sprache demokratisch zu lösen. Der Erwachsene hat dabei das Gefühl, dem Kind verständnisvoll zu begegnen und es nicht mit einer Begrenzung zu beeinträchtigen oder schlecht zu behandeln. Außerdem glauben wir, dass wir das Kind durch unsere ausführlichen Erklärungen zum Verstehen der Probleme und Zusammenhänge führen können. Doch oft wird vergessen, dass kleine Kinder diesen Grenzverhandlungen noch gar nicht folgen können und lediglich das Sprachmuster übernehmen, ohne ein echtes Problemverständnis zu haben, das erst in einer späteren Entwicklungsphase (ungefähr mit Beginn der Pubertät) zum Tragen kommt.

Grenzverhandlungen

Wenn Sie sich intensiver mit dem Thema „Grenzen setzen" beschäftigen möchten, empfehle ich besonders das Buch von *Rebecca Wild: Freiheit und Grenzen – Liebe und Respekt.* Darin erwähnt sie ein Beispiel bezüglich der „Grenzverhandlungen" zwischen Kind und Erwachsenem, das viele von uns sicher auch schon einmal in einer ähnlichen Form erlebt haben:

„Essenseinladung bei einer Familie. Erwachsene wollten in Ruhe über Kindersorgen reden. Die achtjährige Tochter setzte deutlich alle Hebel in Bewegung, um das Abendessen zu verlängern. Vom Nachtisch an wurden ihre Strategien immer raffinierter, sodass nach über zwei Stunden am Tisch noch lange kein Ende abzusehen war. Dabei erwähnte die Mutter mehrmals, dass sie eine Abmachung für den Abend hätten. Es ging offenbar darum, dass die Tochter in ihr Zimmer gehen sollte, damit die Erwachsenen reden konnten. Ihre Hinweise wurden zunehmend vehementer, bis die geplagte Mutter um zehn Uhr abends mit Schärfe darauf pochte, dass es jetzt endlich Zeit sei, die Abmachung einzuhalten. Das Kind widersprach: „Du willst, dass ich ins Bett gehe. Die Abmachung hast aber du allein gemacht. Warum schickst du mich denn nicht ins Bett?" [20]

So war auch ich in meiner Arbeit mit den Schulkindern immer wieder gefordert, Grenzen zu setzen, was nicht immer leicht war. Schließlich war ich an einer Montessori-Schule und hatte die Vorstellung und den Wunsch, mit den Kindern anders und freier umzugehen, als ich es selbst erlebt hatte. Außerdem wusste ich auch, dass die Eltern ihre Kinder freier erzogen sehen wollten. Es fiel mir anfangs schwer, klare Grenzen zu setzen – aus Angst, lieblos, streng und autoritär zu erscheinen und damit selbst auch weniger Anerkennung zu finden.

Abb. 69: *Auf Polstern hüpfende Kinder*

20 Wild, S. 26 ff.

Mit dieser Orientierungslosigkeit entstand aber eher ein emotionales Durcheinander von Nichtachtung der gegenseitigen Bedürfnisse – sowohl vonseiten der Kinder als auch vonseiten der Erwachsenen. Es leuchtete mir schnell ein, dass ich an meiner Klarheit arbeiten musste, damit ein respektvoller, liebevoller Umgang möglich wurde. Es kam häufig zu Situationen, wo Kinder etwas tun wollten, was ihnen zu Hause erlaubt war, doch in meiner vorbereiteten Umgebung nicht ging.

*Folgendes **Beispiel** soll dies verdeutlichen:*
➤ *Drei Kinder sitzen in der Leseecke und schauen sich Bücher an. Nach einer Weile legen sie die Bücher zur Seite und diskutieren heftig miteinander. Ich beobachte, dass sie dabei immer mehr in Bewegung geraten und begebe mich in ihre Nähe. Plötzlich hüpfen sie mit großem Vergnügen auf den Polstern herum wie auf einem Trampolin.*
➤ *Einige Kinder, die in der Nähe sitzen und arbeiten, sind daraufhin irritiert. Sofort gehe ich zu den Kindern in der Leseecke und sage ihnen, dass dieser Platz nur zum Sitzen gedacht ist – sie aber scheinbar andere Bedürfnisse haben. Ich gebe jedem ein Hüpfseil und bitte sie, damit nach draußen zu gehen.*
➤ *Sie protestieren und wollen mich davon überzeugen, dass ihnen das Hüpfen auf den Polstern mehr Spaß*
macht. *Mit einem klaren „Nein!" begleite ich sie nach draußen. Auf dem Weg müssen sie ihren Unmut und Ärger noch mit weiteren Protestrufen und Schimpfen ausdrücken, bemerken aber, dass ich meine Aufforderung absolut ernst meine und dabei bleibe.*
➤ *Draußen angekommen, scheinen die drei verstanden zu haben, dass ich ihnen zwar das Hüpfen auf den Polstern untersagt habe, aber ihrem eigentlichen Bedürfnis nachgekommen bin. Sofort beginnen sie, mit den Seilen zu hüpfen, Lasso zu werfen, Pferdchen zu spielen u. Ä.*

Für Kinder ist es wichtig zu erleben, dass wir Erwachsene akzeptieren, dass ihnen Grenzen oft nicht gefallen, sie jedoch ihre Gefühle zum Ausdruck bringen dürfen – sei es durch Schimpfen oder Weinen. Gleichzeitig erfahren sie, dass Grenzen fest sind und weder durch Proteste noch durch Schluchzen verschwinden. Diesbezüglich müssen sie spüren, dass wir auch in schwierigen Situationen bei ihnen sind und dass wir sie lieben, auch wenn wir sie etwas nicht tun lassen, das sie gern möchten.

Kinder brauchen Grenzen, um in Frieden heranwachsen zu können. Wenn wir Erwachsene es wagen, auf klare aber respektvolle Weise Grenzen zu setzen, dann ist das eine Wohltat für alle.

Abb. 70: *Seilhüpfendes Mädchen auf dem Gang der Schule*

Abb. 71: Junge hüpft mit Seil

Eine große Unterstützung in Bezug auf Freiheit und Grenzen war in meiner Arbeit als Lehrer auch wieder der Umgang mit dem Material – hier aufgezeigt am Kugelbrett.

Das Kugelbrett

Beim Spiel mit dem Kugelbrett legten einige Kinder zunächst bunte Muster mit den Glaskugeln auf das Brett. Andere dachten, die Glaskugel seien zum „Schusserspielen" gedacht, wobei sie allerdings sofort mein klares „Nein!" hörten und sie alternativ einen Korb mit Schussern bekamen und damit hinausgingen.

Andere Kinder ließen sich damit die Multiplikation zeigen. Das **Beispiel** lautete: **243 x 34.**

● Dafür lege ich außerhalb eines Koordinatenkreuzes den Multiplikand und den Multiplikator. Nun multipliziere ich zunächst meine 243 mit den vier Einern – Reihe für Reihe. Danach multipliziere ich 243 mit den drei Zehnern – Reihe für Reihe. Nun ist die Fläche mit grünen, blauen und roten Kugeln gefüllt.

● Um das Ergebnis von 243 x 34 zu erhalten, zähle ich alle grünen Einer zusammen und tausche nach Be-

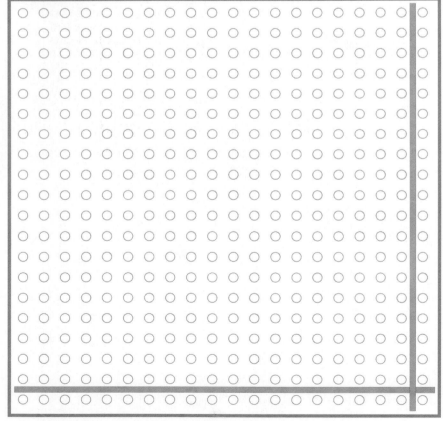

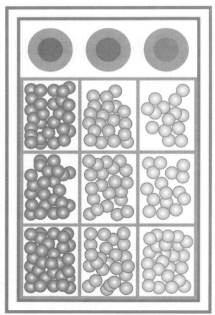

Abb. 72: Kugelbrett mit Glasmurmeln und Schälchen zum Sortieren und Ordnen

darf um in Zehner; dann zähle ich die Zehner zusammen und tausche nach Bedarf um in Hunderter. Das Gleiche mache ich mit den Hundertern und Tausendern. Zum Schluss liegt die Summe der Einer-, Zehner-, Hunderter- und Tausenderkugeln aus deren jeweiligen Flächen als Ergebnis auf dem Brett. Das Ergebnis lautet 8.262.

Einige Kinder halten sich nun beim Lösen ihrer Aufgaben genau an meine Spielregel und machen es immer genau so. Andere beginnen kraft ihrer Entdeckerfreude und Neugier sofort, die vorgegebene Struktur zu verändern, indem sie das Koordinatenkreuz in eine andere Ecke des Brettes legen – immerhin hat das Brett ja vier Ecken!

Oder sie legen beim Multiplizieren die Flächen aus, die entstehen, wenn man die 243 zuerst mit den drei Zehnern multipliziert und dann erst die Multiplikation der 243 mit den vier Einern vornimmt. Natürlich erfordert dies bereits eine gute Orientierung im Zehnersystem. Es macht den Kindern aber Spaß, handelnd und spielerisch zu erfahren, dass man auf unterschiedlichsten Wegen zum gleichen Ergebnis kommen kann.

➤ Der Höhepunkt der Erkenntnis ist dann immer, dass der Einer die Orientierungshilfe darstellt und gleichzeitig die Grenze ist. Denn – egal, wie ich die Aufgabe lege – Einer und Einer müssen immer zusammentreffen!

Wenn ich diese Grenze akzeptiert habe und vom Einer diagonal aufsteige, kann ich auch selbstverständlich akzeptieren, dass die grünen Kugeln auf der vierten Diagonale einen anderen Stellenwert repräsentieren – nämlich Tausender – und wieder einige Diagonalen weiter aufsteigend Millionen usw., wie auf dem Kugelbrett zu sehen ist.

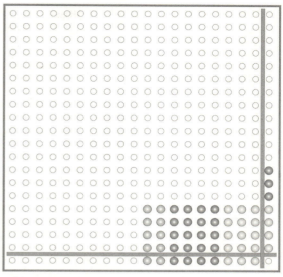

Abb. 74: *Darstellung der ausgeführten Aufg. 243 x 4*

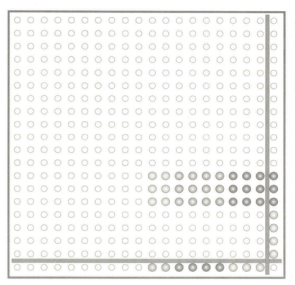

Abb. 75: *Darstellung der ausgeführten Aufg. 234 x 30*

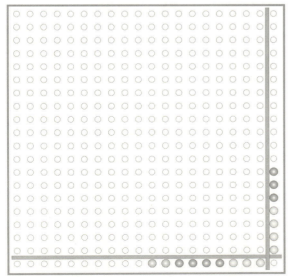

Abb. 73: *Mögliche Darstellung der Aufgabe 243 x 34*

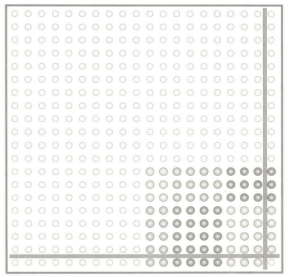

Abb. 76: *Gesamtdarstellg. der gelegten Aufg. 243 x 34*

Auswirkungen einer solchen handlungsorientierten Entdeckungsreise in die Welt der Mathematik

Kinder, die auf diese Weise Mathematik lernen, machen echte Erfahrungen mit Grenzen und Regeln, die eingehalten werden müssen, um zu einem Ergebnis zu kommen. Sie sind nicht der scheinbaren Willkür des Lehrers ausgesetzt, der ihnen eine Regel beibringt und diese auswendig lernen lässt – so wie ich noch Mathematik gelernt habe.

Es liegt auf der Hand, dass Kinder (besonders im Alter bis zur Pubertät), die auf solch spielerische Weise Grenz- und Regelerfahrungen machen, sich dafür auch ein echtes Verständnis aufbauen können.

Sie werden es später leichter haben, Grenzen und Regeln zu akzeptieren und können authentischer mit Freiheit und Grenzen umgehen. Sie können die auf diese Weise in der Grundschule erworbene Kompetenz in ihrer nächsten Entwicklungsphase zwischen 14 und 21 Jahren auf eine weitere Bewusstseinsebene heben. Denn in dieser Zeit haben die jungen Menschen ein besonderes Interesse an Themen wie „Gerechtigkeit und Menschenwürde", „soziale und gesellschaftliche Prozesse", „wissenschaftliche Erkenntnisse" jeder Art und „politische Verantwortung".
Sie werden erkennen, dass ein „Nicht Grenzen setzen" Verantwortungslosigkeit gegenüber sich selbst und dem Gegenüber bedeutet. *„Niemand darf über meine Grenzen gehen!"* bedeutet im Ganzen schließlich, dass Nichtachtung bzw. Missachtung von Grenzen zu Verletzungen auch bei Völkern führt, die im Krieg enden können.

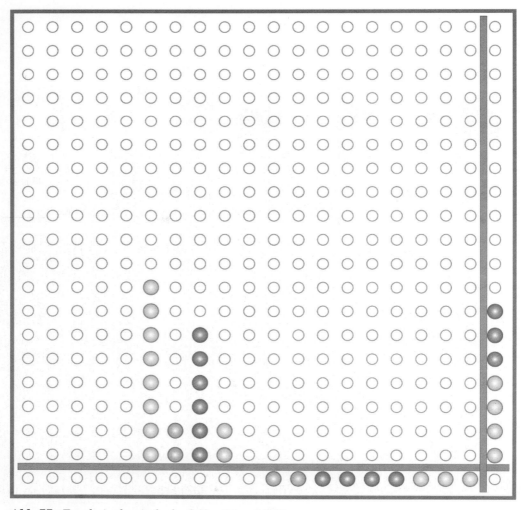

Abb. 77: Ergebnis der Aufgabe 243 x 34 = 8.262

Grenzen
Für Kinder
Gesetzt mit Respekt
Eine Wohltat für alle
Entspannung

Das Kind braucht Grenzen
Um in Freiheit zu leben
Gepaart mit Liebe

Abb. 78: Claus-Dieter Kaul liest Kindern eine Geschichte vor

8. Seid zuverlässig!

Zuverlässigkeit schafft Sicherheit

Kinder brauchen feste, stabile, sichere und vertrauensvolle Beziehungen, in denen sie eine Orientierung bezüglich ihrer Bedürfnisse finden. Dies wurde mir immer besonders deutlich, wenn Kinder morgens zur Schule gebracht wurden und die Mutter ihnen versprach, sie mittags auch wieder abzuholen. Riesengroß war die Enttäuschung, wenn im Laufe des Vormittags die Mutter über das Büro dem Kind die Nachricht zukommen ließ, dass es doch nicht klappe mit dem Abholen und das Kind mit dem Schulbus nach Hause fahren solle. Noch schlimmer war es, wenn Kinder schlichtweg vergessen wurden und manchmal bis zu zwei Stunden in der Schule warteten, bis ich telefonisch geklärt hatte, wie nun das Nachhausekommen des Kindes geschehen soll.

Bei meiner Arbeit als Lehrer in verschiedenen Montessori-Klassen stellte ich fest, dass es den Kindern auf dem Weg zu eigenverantwortlichem, selbstständigem Handeln in Freiheit eine große Unterstützung war, wenn ich ihnen jeden Morgen den Tagesablauf an die Tafel schrieb. Ich konnte dabei sehen, wie wichtig es ihnen war, dass immer im gleichen Zeitrhythmus bestimmte Aktivitäten wie Freiarbeit, Gesprächskreis, Pause, Vorlesen u. a. stattfanden. Sie konnten sich darauf verlassen, dass während der Freiarbeit genügend

Zeit für ihre ganz persönlichen Interessen und Neigungen zur Verfügung stand, sie aber auch im gemeinsamen Gesprächskreis einen Raum vorfanden, ihre Wünsche bezüglich eines liebevollen, respektvollen Miteinanderlebens einzubringen. Dabei entstanden Absprachen und Regeln, die zuverlässig von den Erwachsenen und den Kindern eingehalten werden mussten. Gleichzeitig wurde den Kindern klar, dass es manchmal auch notwendig war, Regeln zu verändern, um sie den aktuellen Bedürfnissen anzupassen. Diese Veränderungen zu akzeptieren und auszuhalten, fiel den Kindern um so leichter, je mehr sie sich darauf verlassen konnten, dass bestimmte Rituale wie Vorlesen oder gemeinsam Geburtstag feiern immer wieder in Regelmäßigkeit stattfanden.

Geburtstagsritual mit Jahreskreis

Besonders eingehen möchte ich in diesem Zusammenhang auf das von *Maria Montessori* überlieferte Geburtstagsritual. Die Grundvoraussetzung für dieses Ritual macht eine absolut verlässliche Zusammenarbeit zwischen Elternhaus und Kindergarten bzw. Schule notwendig. Die Eltern stellen mit ihrem Kind gemeinsam ein Geburtstagsbuch zusammen. Hierin ist für jedes Lebensjahr ein Bild eingeklebt, das mit besonderen, das Kind betreffenden Ereignissen oder Anekdoten ausgeschmückt wird.

Abb. 79: Konzentrationsübung mit Seilen

Abb. 80: Auszug aus einem Geburtstagsbuch

An seinem Geburtstag wird für das Kind der *Jahreskreis* ausgelegt – bestehend aus zwölf Kreissegmenten mit den Namen der Monate darauf. In der Mitte des Kreises befindet sich eine Sonne; am äußeren Rand des Monatssegments, in dem das Kind geboren wurde, steht ein kleiner Globus. Zur Sonne wird eine große Kerze gestellt, die das Lebenslicht symbolisiert. Auf dem Kreissegment des Geburtsmonats des Kindes stehen so viele kleine Kerzen, wie das Kind Jahre alt wird. In der Mitte des Kreises ist auch noch Platz für mitgebrachte Geschenke und einen Geburtstagskuchen. Nun kann das feierliche Geburtstagszeremoniell beginnen: Alle Kinder der Gruppe, Erzieher oder Lehrer, eventuell auch Mutter oder Vater, die eingeladen wurden, sitzen im Kreis. Das Geburtstagskind zündet das Lebenslicht an – als Symbol dafür, dass es das Licht der Welt erblickt hat. Nun nimmt es den Globus in beide Hände und schreitet – von seinem Geburtsmonat beginnend – den Jahreskreis ab. Während dessen erzählt es die wichtigsten Ereignisse aus seinem ersten Lebensjahr. (Bei kleinen Kindern übernimmt einer der Erwachsenen die Erzählerrolle!) Wieder an seinem Geburtsmonat angekommen, zündet das Kind dort die erste Kerze an, denn nun ist es ein Jahr alt geworden. Auf die gleiche Weise wird Lebensjahr für Lebensjahr zelebriert. Anschließend gratulieren alle dem Geburtstagskind, singen ihm ein Lied und feiern mit ihm gemeinsam. Für besonders Interessierte wird das Geburtstagsbuch in der Buchecke aufgestellt und kann in der nächsten Zeit von den anderen Kindern der Gruppe allein oder mit dem Geburtstagskind gemeinsam angeschaut werden. Jedes Kind kann sich darauf verlassen, dass es genau so gefeiert wird.

Und selbstverständlich werden auch die Erwachsenen der Gruppe auf die gleiche Weise das Geburtstagsritual begehen. Die Kinder erfahren auf diese Weise etwas für sie ganz Wichtiges: Das Leben jedes Einzelnen ist von Interesse für alle Anderen und jeder ist ein Teil des Ganzen. Der Erwachsene bringt aus ganzem Herzen und innerer Überzeugung seinen vollen zeitlichen und persönlichen Einsatz. Auf diese Weise begleiten wir das Kind auf dem Weg zu seiner Selbstfindung.

Abb. 81: Jahreskreis für das Geburtstagszeremoniell

Abb. 82: *Abschreiten des Jahreskreises*

Rituale
Mit Kindern
Geben ihnen Sicherheit
Weil sie immer wiederkehren
Verlässlichkeit

Ihren Geburtstag
Feiern alle Kinder gern
Mit dem Jahreskreis

Abb. 83: *Geburtstagskind bläst die Kerzen auf dem Kuchen aus*

9. Zeigt eure Gefühle!

Emotionale Intelligenz

➤ Wir Erwachsene sind uns darüber im Klaren, dass Kinder freier und gefühlvoller leben als wir. Sie sind darum auch leichter verletzbar, was besondere Anforderungen an uns stellt, Kinder mit der nötigen emotionalen Intelligenz zu begleiten. Wir sind bemüht, unsere Kinder gerecht, geduldig und mit Respekt zu behandeln. Dabei wollen wir ihnen Einsichten vermitteln, wie sie gefühlvoll mit Problemen umgehen und sie gute Beziehungen aufbauen können. In Gesprächen mit Freunden und Bekannten wird mir immer wieder deutlich, dass hier eine große Diskrepanz zwischen einer guten Absicht und der entsprechenden Umsetzung besteht. Immer wieder bemerke ich, dass viele Erwachsene glauben, Probleme auf intelligente Weise lösen zu können. Deshalb wird oft über Probleme mit Kindern gesprochen und diskutiert, Ratschläge und Tipps werden ausgetauscht und es bleibt beim Reden über die Kinder, anstatt mit ihnen zu reden und zu fühlen.

➤ Bei all diesen Ratschlägen wird häufig vernachlässigt, dass eine gute Erziehung ganz viel mit Gefühlen zu tun hat. *Daniel Goleman* beschreibt in seinem Buch *„Emotionale Intelligenz"*[21] Forschungsergebnisse, die aufzeigen, welche Rolle Gefühle in unserem Leben spielen. Es wurde bei den Untersuchungen deutlich, dass Erfolg und Glück im familiären wie auch im beruflichen Umfeld weniger vom Intelligenzquotienten abhängen als von einem bewussten Gefühlsleben. Er nennt diese Qualität **„emotionale Intelligenz"**:
Für Eltern, Erzieher und Lehrer bedeutet dies, dass wir uns mehr Gedanken über die Gefühle der Kinder machen müssen und versuchen sollten, uns in diese hineinzufühlen, Kinder zu trösten und anzuleiten.

➤ Genau so wichtig ist dabei das Vorbild im Umgang mit unseren eigenen Gefühlen. Dies bedeutet, dass wir lernen sollten, Gefühle wie Wut, Trauer und Angst als einen Teil unseres Lebens anzunehmen und emotionale Spannungen als Chance zu sehen. Doch erlebe ich immer wieder Erwachsene, die nicht dazu in der Lage sind, mit negativen Gefühlen von Kindern umzugehen, was sich in unterschiedlichen Verhaltensmustern zeigt: Die einen übergehen die negativen Gefühle oder bagatellisieren diese sogar. Andere tadeln oder bestrafen ihre Kinder wegen ihres Gefühlsausbruchs. Die Nächsten erscheinen besonders tolerant, indem sie die Gefühle der Kinder akzeptieren. Bei näherem Hinschauen ist jedoch festzustellen, dass sie dem Kind keine Hilfestellung für eine Problemlösung anbieten oder dem Verhalten des Kindes Grenzen setzen.

Beispiel:

An folgendem Beispiel möchte ich aufzeigen, wie eine Mutter mit dem Einsatz ihrer emotionalen Intelligenz es fertig bringt, auf die Gefühle ihres Sohnes einzugehen, dabei auch ihre Gefühle zeigt und es damit schafft, dem Jungen eine Möglichkeit anzubieten, mit seinen unangenehmen Gefühlen umzugehen:

Andrea ist alleinerziehende Mutter und arbeitet halbtags im Büro. Ihr Sohn *Jürgen* ist vor vier Wochen in die Schule gekommen. *Jürgen* ist daran gewöhnt, dass seine Mama ihm jeden Abend vor dem Schlafengehen eine Geschichte vorliest. Dies passiert in der Regel zwischen 19.30 und 20.00 Uhr. Wenn *Andrea* bisher abends eine Verabredung hatte, war immer eine Freundin von ihr so lange in der Wohnung, bis *Andrea* wieder nach Hause kam.

Abb. 84: Mutter und Kind in Harmonie beim Vorlesen der Gute-Nacht-Geschichte

21 Goleman, S. 5 ff.

Nun ist heute um 19.30 Uhr Elternabend in der Schule und *Andrea* möchte unbedingt pünktlich dort sein. Auch heute ist die Freundin vorbeigekommen – sogar schon etwas früher, weil sie das „Geschichte vorlesen" übernehmen soll, damit *Andrea* rechtzeitig zum Elternabend gehen kann. *Jürgen* will aber nicht, dass die Freundin ihm die Geschichte vorliest und er will auch nicht, dass seine Mama zum Elternabend geht und ihn wieder alleine lässt.

Um 18.45 Uhr beginnt folgender Dialog:

Andrea: Ziehst du schon einmal deinen Schlafanzug an? Birgit liest dir dann deine Gute-Nacht-Geschichte vor.

Jürgen: Nein! Ich will nicht ins Bett. Und ich will auch von Birgit keine Geschichte vorgelesen bekommen.

Andrea: Du willst nicht ins Bett? Warum denn nicht?

Jürgen: Ich will, dass du hier bleibst und nicht zum Elternabend gehst.

Andrea: Jürgen, ich kann mir schon vorstellen wie du dich fühlst. Manchmal wünsche ich mir auch, abends nicht mehr aus dem Haus gehen zu müssen. Ich würde dann viel lieber mit dir noch ein bisschen mehr Zeit zum Spielen haben wollen. Aber weißt du – ich möchte gerne deine Lehrerin näher kennen lernen und die anderen Eltern. Außerdem möchte ich pünktlich da sein, wenn die Lehrerin uns schon um 19.30 Uhr in die Schule bestellt hat.

Jürgen: *(beginnt zu weinen)* Aber warum denn heute? Du kannst ja morgen früh mit der Lehrerin reden. Ich will nicht, dass du weggehst!

Andrea: *(nimmt Jürgen auf den Schoß)* Es tut mir leid, Schatz, aber ich muss jetzt gleich gehen. Das findest du nicht schön, stimmt's?

Jürgen: *(nickt)* Ja!

Andrea: Und traurig bist du auch.

Jürgen: *(schluchzt)* Ja!

Andrea: Ich bin auch traurig. *(Sie lässt ihn eine zeitlang weinen und hält ihn dabei fest im Arm.)* Weißt du, wir denken jetzt einfach mal an morgen. Da bin ich bestimmt den ganzen Nachmittag und Abend daheim. Hast du eine Idee, was du morgen machen willst?

Jürgen: Mit dir zusammen „Mensch ärgere dich nicht" spielen; zum Essen wünsche ich mir Spaghetti und dann liest du mir aus „Pippi Langstrumpf" vor.

Andrea: Klar, das machen wir. Sonst noch was?

Jürgen: Kannst du Papa wieder einmal einladen?

Andrea: Das wird sich sicher machen lassen.

Jürgen: Dann soll er eine ganze Woche bleiben.

Andrea: Vielleicht. Wir müssen ihn erst einmal fragen, ob und wann er Zeit hat, aber jetzt muss ich wirklich gehen, okay?

Jürgen: Dann zieh' ich mir jetzt den Schlafanzug an und geh' ins Bett. Sag' Birgit, dass sie mein Vorlesebuch holt. Tschüss, Mami!

Nach diesem Dialog kann der Eindruck entstehen, dass *Andrea* auch nur auf intelligente, geschickte Art ihren Sohn von seinem Wunsch, die Mutter möge nicht zum Elternabend gehen, weggebracht hat. Es gibt jedoch einen wesentlichen Unterschied:

Andrea hat die Traurigkeit ihres Sohnes akzeptiert. Sie hat ihn in seiner Traurigkeit begleitet. Er durfte darüber reden, seinen Gefühlen Ausdruck verleihen, und als er weinte, ist sie bei ihm geblieben. Sie hat nicht versucht, ihn von seinen Gefühlen abzulenken. *Andrea* hat ihren

Abb. 85: *Konfliktgespräch zwischen Mutter und Kind*

Sohn verstehen lassen, dass seine Gefühle in Ordnung sind und ebenso seine Wünsche akzeptiert. Sie hat sich die Zeit genommen, auf *Jürgens* Gefühle einzugehen – gleichzeitig hat sie klare Grenzen gesetzt. Sie machte ihm klar, dass sie die Einladung der Lehrerin ernst nimmt und nicht zu spät kommen möchte. Mit dem Gefühl des Enttäuschtseins, dass ein Wunsch nicht in Erfüllung geht, lernen somit beide – *Andrea* und *Jürgen* – miteinander umzugehen. Sie können beide entspannt in den Abend gehen, zumal sie eine schöne gemeinsame Perspektive für den nächsten Tag haben, auf die sie sich freuen können.

John Gottman[22] beschreibt **fünf Schritte** beim Einsetzen der emotionalen Intelligenz:
1. Sich der Gefühle des Kindes bewusst werden.
2. Die Gefühlsäußerung als eine Gelegenheit erkennen, dem Kind nahe sein zu können und ihm etwas zu vermitteln.
3. Mitfühlendes Zuhören und Bestätigung der Gefühle des Kindes.
4. Dem Kind helfen, die Gefühle zu benennen.
5. Grenzen setzen und Perspektiven aufzeigen zur Lösung des Problems.

Untersuchungen haben ergeben, dass Kinder, die sich der Liebe und Unterstützung von Erwachsenen bezüglich ihrer Gefühle sicher sein können, einen besseren Schutz vor erhöhter Aggressivität, asozialem Verhalten, Drogenabhängigkeit, verfrühter sexueller Akitivität, Suizid u. Ä. haben.

Außerdem haben *Gottman* und *Goleman* herausgefunden, dass Kinder, die sich von Erwachsenen geachtet und geschätzt fühlen, bessere schulische Leistungen zeigen, mehr Freunde haben und ein gesünderes, erfolgreicheres Leben haben.

> *Erwachsene*
> *Zeigt Gefühle*
> *Mit emotionaler Intelligenz*
> *Versteht ihr die Kinder*
> *Besser*
>
> *Gefühle fürs Kind*
> *Zeigen Eltern immer mehr*
> *Auch in der Schule*

Abb. 86: Überraschte Mutter bei einer Konfliktlösung, die vom Kind ausging

---

22 Gottman, S. 27 ff.

10. Lasst die Freude leben!

Durch das Zusammensein mit Kindern bekommt die Lebensbewältigung des Erwachsenen mit all seiner Verantwortung eine Leichtigkeit, auf die wir uns einlassen sollten. Bei allen schwierigen Situationen und Herausforderungen, die an mich gestellt wurden, waren es immer wieder Aussagen von Kindern oder Geschichten, von ihnen geschrieben, die mich herzhaft zum Lachen brachten. Ich erinnerte mich daran, dass indianische Schamanen Kranke heilen, indem sie diese zum Lachen bringen oder dass es in östlichen Kulturen Lachmeditationen gibt.

So habe ich es mir zum Lebens- und Arbeitsprinzip gemacht, mit Geschichten von Kindern andere Menschen zum Lachen zu bringen. Dabei ist zu bemerken, wie schnell die meisten Menschen sich dadurch wohl fühlen können; denn es ist Humor, der Fühlen und Denken, Vernunft und Fantasie wieder in ein neues Gleichgewicht bringen kann.

Um auch Sie die Freude an der Ehrlichkeit und Fantasie der Kinder am Ende des Buches spüren zu lassen, möchte ich Kinder zu Wort kommen lassen. Dafür verwende ich einige Aussagen und Geschichten von Kindern, die *Marcello d'Orta* in drei Büchern veröffentlicht hat und die in meinen Kursen oder bei Vorträgen Erwachsene immer wieder zum Lachen gebracht haben.

1. Geschichte:

Schildere die Erschaffung der Welt

„Gott schuf die Schöpfung in sieben Tagen, gleich einer Woche. Als Erstes machte er die Fische, dann schuf er den Himmel, die Erde, die fliegenden Tiere, das Meer, die Tierrassen, die Sterne und den Menschen nach seinem Ebenbild. Den ersten prähistorischen Mann nannte er Adam, und dann fragte er ihn, ob er glücklich sei, dass er ihn ins irdische Paradies getan hätte und ob ihm nicht was fehle. Nein, nein, sagte Adam, mir geht es sehr gut, so glücklich wie ich bin. Aber Gott schuf ihm die Frau. Die Frau hieß Eva, weil sie sehr langes Haar hatte. Gott schrie: „Ihr könnt alle Früchte von den Bäumen kosten, Birnen, Trauben, Kirschen, Melonen, nur den Apfel nicht, wenn ihr den Apfel esst, werdet ihr die Erbsünde haben."

Eines Tages wurde Eva von der Schlange verführt, die zu ihr sagte: „Du wirst größer werden als Jesus, wenn du diesen Apfel isst." So hat Eva ihn gegessen, und als Adam heimkommt, gibt sie auch ihm ein Stückchen. Wie Gott das sah, erzürnte er und schrie: „Du Eva wirst deine Söhne Kain und Abel unter Schmerzen gebären und von jetzt an werdet ihr alle den Schweiß kennen lernen."

Und in der Tat gebar Eva schwitzend." [23]

Abb. 87: *Lachender Claus-Dieter Kaul*

23 d'Orta[1], S. 13.

2. Geschichte:

Verstreute Gedanken zum Thema Sex

- *„Meine Eltern haben mir nichts gesagt und ich will auch gar nichts wissen."*
- *„Wir sind elf Zuhause. Mama hat dem Ältesten alles erzählt und dann gesagt: ‚Sag's weiter'."*
- *„Frau Lehrerin, stellen Sie mir bitte nicht so gewisse peinliche Fragen, sonst sag ich's meiner Mama."*
- *„Einmal haben meine Eltern sogar versucht, mit mir über Sex zu reden, aber ich habe gedacht, das ist was Unangenehmes und habe so getan, wie wenn ich aufs Klo müsste."*
- *„Mich hat das Wort „Sex" noch nie interessiert. Ich möchte so bleiben wie ich bin und bitte zwingt mich zu nichts."*
- *„Die Mönche legen das Gelübde mit dem Keuschheitsgürtel ab."*
- *„Ich werde mich bestimmt genieren, den Vater meiner Freundin um ihre Hand zu bitten. Ich glaube, dass ich das telefonisch machen werde."*
- *„Ich kenne einen Mann, der hat vor der Heirat dauernd geredet und geredet und geredet. Nachdem er dann verheiratet war, hat er nicht mehr geredet."*
- *„Die Amphibien lieben sich an Land, dann gehen sie zum Abspülen in den Teich."* [24]

3. Geschichte:

Weißt du, wie die Kinder geboren werden?

Die Kinder werden im Allgemeinen aus dem Bauch der Mutter geboren (oder besser gesagt: der „Mama", weil Stiefmütter keine Kinder kriegen), nachdem man neun Stunden gewartet hat. Die Spermatozoos machen eine Wette, wer der Schnellste ist, und wer verliert oder gewinnt. An einem bestimmten Punkt des Tunnels begegnen sie einem verliebten Ei, gucken sich an und vereinigen sich, und am Ende dieser Prozession kommt ein Kind raus, das man Säugling nennt." [25]

4. Geschichte:

In welcher Epoche möchtest du gern leben?

„Ich möchte gern in der Steinzeit leben, damit ich mich rumprügeln kann. Nämlich damals ist viel gekämpft worden. Wenn du zu einem Stamm gehört hast und ein anderer hat zu einem anderen Stamm gehört und man ist sich auf der Straße begegnet, da hat man sich nur schnell ins Gesicht geguckt und gleich zugeschlagen. Die Waffe jener Zeit war die Keule, und wer keine hatte, war ein toter Mann, weil ohne Keule konnte er sich nicht verteidigen. Wer keine Keule hatte, verteidigte sich mit Fußtritten, Faust, Kopfstößen, Spucken. Aber am Schluss ist er trotzdem gestorben. In der Steinzeit brachen immer die Vulkane aus, die Erde bebte, die Tiere fraßen sich gegenseitig auf, auch wenn sie satt waren, und das Wetter war immer schlecht. In der Urzeit herrschte nie Frieden.

In den Familien hat man immer gestritten, und alle waren dreckig. Sie haben sich nicht gewaschen. Sie haben sich nicht gekämmt. Sie haben sich nicht rasiert. Nicht mal die Frauen. Ein Kind war, gerade wenn es geboren war, schon ein Urmensch. Es gab keine Heizung. Sie wussten nicht, was sie in ihrer Freizeit tun sollten, da haben sie die Wände voll gekritzelt. Wenn ein wildes Tier in die Höhle gekommen ist, haben sie es gleich verprügelt und es dann aufgegessen, auch wenn es wild war. Wenn es im Sommer heiß war, sind nachts gewisse riesige prähistorische Mücken ins Haus gekommen, dann konnte man nicht schlafen, und der Mensch fluchte.

Mir gefällt die Steinzeit, weil sie viele Entdeckungen und Erfindungen gemacht haben. Man erfand das Rad ohne Speichen, die Keule, das Bronzezeitalter, den Pfahlbau auf dem Wasser, den primitiven Pflug, den abgehauenen Feuerstein. Der Mensch fing zu jener Zeit an, intelligent zu werden, aber er ähnelte noch sehr den Affen. Als sie dann aufhörten, den Affen zu ähneln, wurden sie Ägypter, aber das ist ein anderes Kapitel. Und das ist der Aufsatz." [26]

---

24 d'Orta[3], S. 17 ff.
25 d'Orta[3], S. 24.
26 d'Orta[2], S. 33.

Humor
Braucht jeder
Der ganzheitlich lebt
Lasst Euch von Kindern
Anregen

Lachen ist gesund
Das wissen wir schon lange
So lebt mit Freude

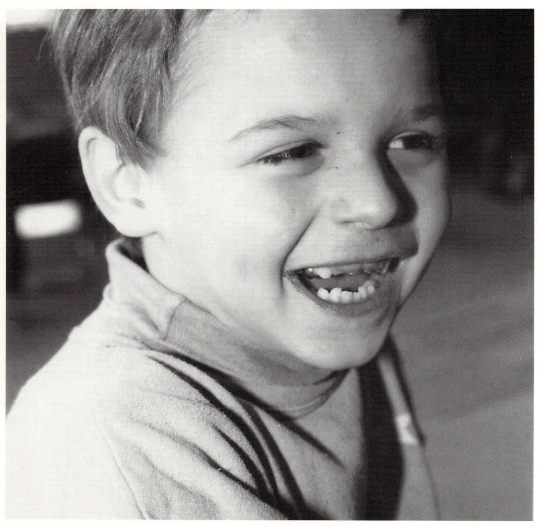

Abb. 88: Lacht, so viel es geht!

III. Visionen für eine „neue" Erziehung in diesem Jahrhundert

Noch immer ist derzeit die Auffassung bei vielen Erwachsenen sehr verbreitet, dass der Mensch eher zu Faulheit und Trägheit neige, und er deshalb von Personen höherer Autorität belehrt, geführt und vor allem kontrolliert werden müsse.

Meine Erfahrung – wie ich sie in den vorangegangenen Kapiteln beschrieben habe – deckt sich mit der wachsenden Zahl von Menschen aus humanistischen Wissenschaften, die davon ausgehen, dass bei einem geeigneten psychologischen Klima die Menschen vertrauenswürdig, schöpferisch, eigenmotiviert, tatkräftig, kreativ und konstruktiv sind. In einer ganzheitlichen Lernumgebung entsteht ein Klima des Vertrauens, in dem die Neugier und das natürliche Verlangen zu lernen genährt werden. Destruktive Konkurrenz wird durch Kooperation, Achtung vor den Anderen und gegenseitige Hilfsbereitschaft ersetzt. In einer solchen Umgebung lernen Kinder wie auch Erwachsene, sich selbst zu schätzen sowie Selbstvertrauen und Selbstachtung zu entwickeln.

Wir entdecken in zunehmendem Maße, dass der Ursprung unserer Wertvorstellungen in uns liegt und ein gutes Lebensgefühl von innen kommt. Es entsteht somit bei jedem ein ständiger Dialog zwischen intellektuellen und emotionalen Entdeckungen, was zu einer lebenslangen Lernfreude führt. Dies erlebe ich in den letzten Jahren besonders stark in meinen Erwachsenenkursen für ganzheitliches Lernen[27]. Ziel dieser Kurse ist, das Beste zu geben – für die Kinder und nicht zuletzt auch für die Erwachsenen selbst – da man sich selbst insofern den größten Gefallen damit tut, als man so sein inneres Wesen spüren kann. Diesen Leitgedanken sprach einmal *Pater David Steindl-Rast* aus.

Auch *Montessori* sagte: „*Die Frage der wahren Erziehungsreform ist eine Frage von Hass oder Liebe. Das liebende Kind, das sich geliebt fühlt, hat ein dynamisches Wesen. Es ist ein Kind, das viel arbeitet, keine Angst vor Anstrengung hat und jene Disziplin sucht, die natürlich ist für die Menschen, die ein normales Leben leben. Das liebende Kind wird in seiner Reife der neue Mensch sein. Ich halte es für möglich, eine neue Gesellschaft vorauszusehen, in der der Mensch fähiger sein wird, weil man Vertrauen in ihn setzte, als er ein Kind war.*"[28]

Meine langjährigen Erfahrungen haben mir gezeigt, dass die künftige Erziehung vor allem eine Herausforderung an unsere Vorstellungskraft und die Wiederentdeckung unseres inneren Kindes ist. Dazu ist es notwendig, unsere Vorurteile und Erwartungen loszulassen und uns für das Hier und Jetzt zu öffnen. Wir müssen uns beim Lernen **als Einheit von Körper, Seele und Geist verstehen,** um uns als integrierten Bestandteil einer lebenden Ganzheit zu erleben. Dies bedeutet, dass wir die Kinder nicht mehr Details lehren, sondern sie die sichtbare und die unsichtbare Welt als Einheit erfahren lassen. Ganzheitliche Erziehung bezieht das Herz des Kindes, seinen Instinkt, seine Fantasie und seine Gefühle mit ein.

Diese besondere Art des Lernens hat *Maria Montessori* in ihrer sogenannten „kosmischen Erziehung" in der Zeit um 1940 in Indien entwickelt. In meinem nächsten Buch „Mit der Zeit die Welt verstehen" werde ich konkret auf diesen Erfahrungsbereich eingehen.[27]

Als Bindeglied zwischen meinem ersten und zweiten Buch möchte ich ein kleines Märchen nacherzählen, das *Lotte Ingrisch* 1992 zu meinem Kursabschluss in Wien sinngemäß so erzählte:

Es war einmal eine Königin, die drei Söhne hatte. Der Älteste war ein Drache, der Mittlere ein Pferd, der Jüngste ein Mensch. Die drei Brüder waren so verschieden voneinander, dass keiner die Sprache des anderen verstand. Obwohl die Königin ihr Reich keinem von ihnen versprach, riss der Jüngste die Herrschaft an sich und übte sie mit großer Grausamkeit aus. Als die Königin zuletzt noch eine Tochter gebar, fürchtete der jüngste Sohn um seine Macht und warf einen bösen Zauber über die kleine Prinzessin, dass sie schlief und niemals erwachte.

Demnach ist die alte Königin unsere Seele. Ihre drei Söhne sind das Drachenhirn (retikuläre Hirnstruktur = das Stammhirn), das Pferdehirn (limbische Hirnstruktur = das Gefühlszentrum) und der Neocortex (= der Verstandesmensch).

Die schlafende Prinzessin aber ist unser viertes, das Schmetterlingshirn. Wir müssen die schlafende Schöne in uns erlösen! Denn das Schmetterlingshirn hat Flügel. Wenn es erweckt wird, versinkt die Welt der Larven und der Puppen. Die Prinzessin breitet ihre Flügel aus und fliegt ins Freie.

Ich hoffe, dass Ihnen, liebe Leserin und lieber Leser, auch die Befreiung des Schmetterlingshirns gelingt und viele neue Visionen für eine andere Form der Erziehung in diesem Jahrhundert hervorbringt – auch wenn uns im Alltag manchmal der Glauben daran abhanden kommt. Ich selbst übe mich im Interesse der Kinder täglich im **Glauben an das Unmögliche,** und ich bitte Sie:

TUN SIE ES AUCH!

---

27 Bei Interesse erhalten Sie hierzu mehr Informationen über das „Institut für ganzheitliches Lernen" – auf der Basis der Montessori-Pädagogik, Tegernseer Straße 104, 83700 Rottach-Egern, Telefon (0 80 22) 8 37 76, Telefax (0 80 22) 80 58
28 Montessori[4], S. 12 f.

Visionen
Für Erwachsene
Im nächsten Jahrhundert
Mit Kindern ganzheitlich lernen
Mut

Wir Erwachsenen
Entdecken das Kind in uns
Hoffnung für morgen

Abb. 89: Referentin bei einer Darbietung von Schüttübungen

LITERATURVERZEICHNIS

Andresen, Ute: *So dumm sind sie nicht,* Weinheim 1985.

Baumann, Ursula: *„Schrift entdecken",* Schönwalde 1995.

Becker-Textor, Ingeborg: *Was in Kindern alles steckt,* Freiburg/Breisgau 1997.

Birkenbihl, Vera: *Trotz Schule lernen,* Offenbach 1985.

Chopich, Erika J.: *Aussöhnung mit dem inneren Kind,* Freiburg/Breisgau 1990.

Coelho, Paulo: *Der Alchimist,* Zürich 1996.

Enzensberger, Hans Magnus: *Der Zahlenteufel,* München 1997.

Fischer, Siegfried: In Zeitschrift: *Praxis Grundschule,* Braunschweig 1995.

Gibran, Khalil: *Der Prophet,* Freiburg/Breisgau 1992.

Goleman, Daniel: *Emotionale Intelligenz,* München 1995.

Gottman, John: *Kinder brauchen emotionale Intelligenz,* München 1997.

Hanh[1], Thich Nhat: *Lächle deinem eigenen Herzen zu,* Freiburg/Breisgau 1995.

Hanh[2], Thich Nhat: *Zeiten der Achtsamkeit,* Freiburg/Breisgau 1996.

Hellinger, Bert: *Anerkennen, was ist.*

Ingrisch, Lotte: *Schmetterlingsschule,* Wien 1986.

Ludwig, Harald: *Erziehen mit Maria Montessori,* Freiburg/Breisgau 1997.

Michler, Elli: *Zeit zum Leben.* In: „Dir zugewandt", Wunschgedichte, Don Bosco Verlag, München 1999.

Montessori[1], Maria: *Die Entdeckung des Kindes,* Freiburg/Breisgau 1969.

Montessori[2], Maria: *Das kreative Kind,* Freiburg/Breisgau 1972.

Montessori[3], Maria: *Kosmische Erziehung,* Freiburg/Breisgau 1988.

Montessori[4], Maria: *Die Macht der Schwachen,* Freiburg/Breisgau 1989.

d'Orta[1], Marcello: *Gott hat uns alle gratis erschaffen,* Zürich 1991.

d'Orta[2], Marcello: *In Afrika ist immer August,* Zürich 1991.

d'Orta[3], Marcello: *Wie die Kinder zur Welt kommen,* Zürich 1996.

Rogers, Carl R.: *Der neue Mensch,* Stuttgart 1981.

Satin, Mark: *Heile dich selbst und unsere Erde,* Freiamt 1998.

Steindl-Rast, David: *Die Achtsamkeit des Herzens,* München 1988.

Wild, Rebecca: *Freiheit und Grenzen – Liebe und Respekt,* Freiamt 1998.

Wisskirchen, Hubert: *Die wiederentdeckte Erziehung,* München 1996.

Bezugsquellen des Spiel- und Lehrmaterials:

Bauset für **„trinomischen Würfel"**: Firma Martin Plackner, Alkersdorf 21, A-4880 St. Georgen im Attergau, Telefon 00 43 / 76 67 / 8 66 20

„Einmaleins-Teppich": Originalkartenspiel „Multiplex", herausgegeben vom Mellinger Verlag Stuttgart. Adaptierte Version: Schreibwaren & Digitaldruck GmbH, Tegernseer Str. 104, 83700 Rottach-Egern, Telefon 0 80 22 / 6 56 75

„Der rosa Turm": Originalmaterial Firma Nienhuis aus Zelhem/Holland, in Deutschland zu beziehen über Firma Riedel, Carl-Zeiss-Str. 35, 72770 Reutlingen, Telefon 0 71 21 / 51 53 50

„Goldenes Perlenmaterial": Firma Nienhuis aus Zelhem/Holland, über Firma Riedel, Carl-Zeiss-Str. 35, 72770 Reutlingen, Telefon 0 71 21 / 51 53 50